今日もライブに行けません！

～アラフォーバンギャル、魂のV系語り～

蟹めんま

ぶんか社

Contents

第1話
はじめに〜アラフォー
バンギャルの受難〜
はじめまして
こんにちは
蟹《かに》めんまです
突然ですが
バンギャルって
知ってますか?
LIVE HOUSE
HON-WARA
こんな感じの
こってりな
お化粧をした
バンドの
ファンのこと
なんです
けども…
私はこの
バンギャルを
27年ほど
やっていまして
その暮らしを
ネタにした
漫画を描いて
います
バンギャル

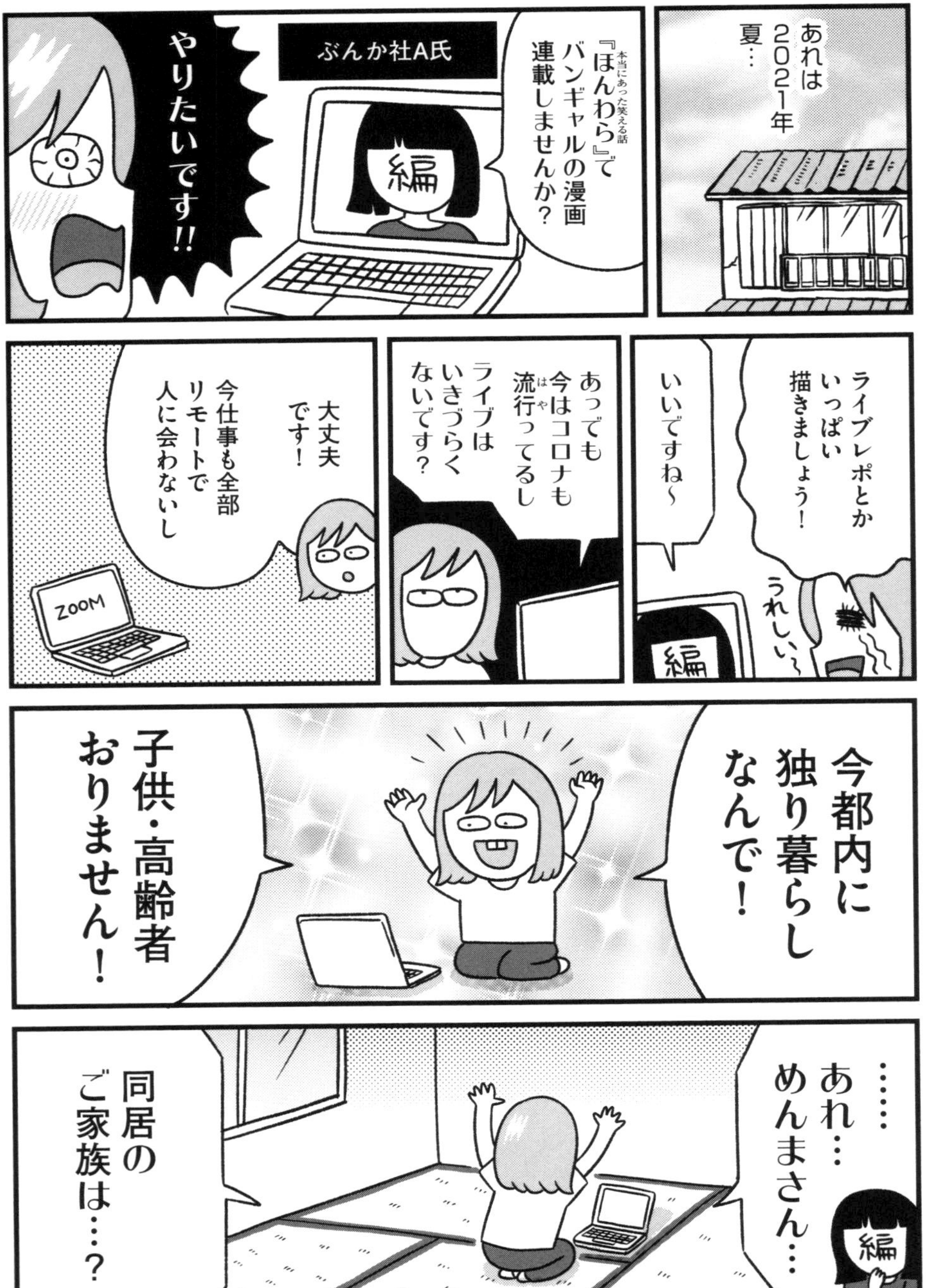

あれは2021年夏…
『ほんわら《本当にあった笑える話》』でバンギャルの漫画連載しませんか？
ぶんか社A氏
編
やりたいです!!
ライブレポとかいっぱい描きましょう！
いいですね～
うれしい～
編
あっでも今はコロナも流行《はや》ってるしライブはいきづらくないです？
大丈夫です！
今仕事も全部リモートで人に会わないし
ZOOM
今都内に独り暮らしなんで！
子供・高齢者おりません！
……あれ…めんまさん…
編
同居のご家族は…？

We are Batsuichi!
安心してください離婚しました
えー!?
こんないきさつで連載が決まりましたが
連載準備期間
唾液をカップにためて下さい
レモン
うめぼし
高熱からのコロナ疑惑
連載開始直後
まさかの父・急逝
そして奈良《なら》に帰郷…

さらに連載中盤
うわ〜ん!
母親要介護に
突如怒涛《どとう》のように訪れたアラフォーの受難に七転八倒しながら
親の死
コロナ
介護
体調不良
ライブにはいけないけど!!
最新のV系事情がわからないけど!
せめてV系の話だけでもさせてくれ——!!
という悪あがきで生まれたのが本書です
ごめんなさいごめんなさい実家に帰ってきちゃったからライブレポもほぼ描けなくなりました
いいんですよ!それより大丈夫ですか?
編
37年の人生で今が一番V系の曲が染みますよ…
思春期向けの音楽だと思ってたのに
どんなところがですか?

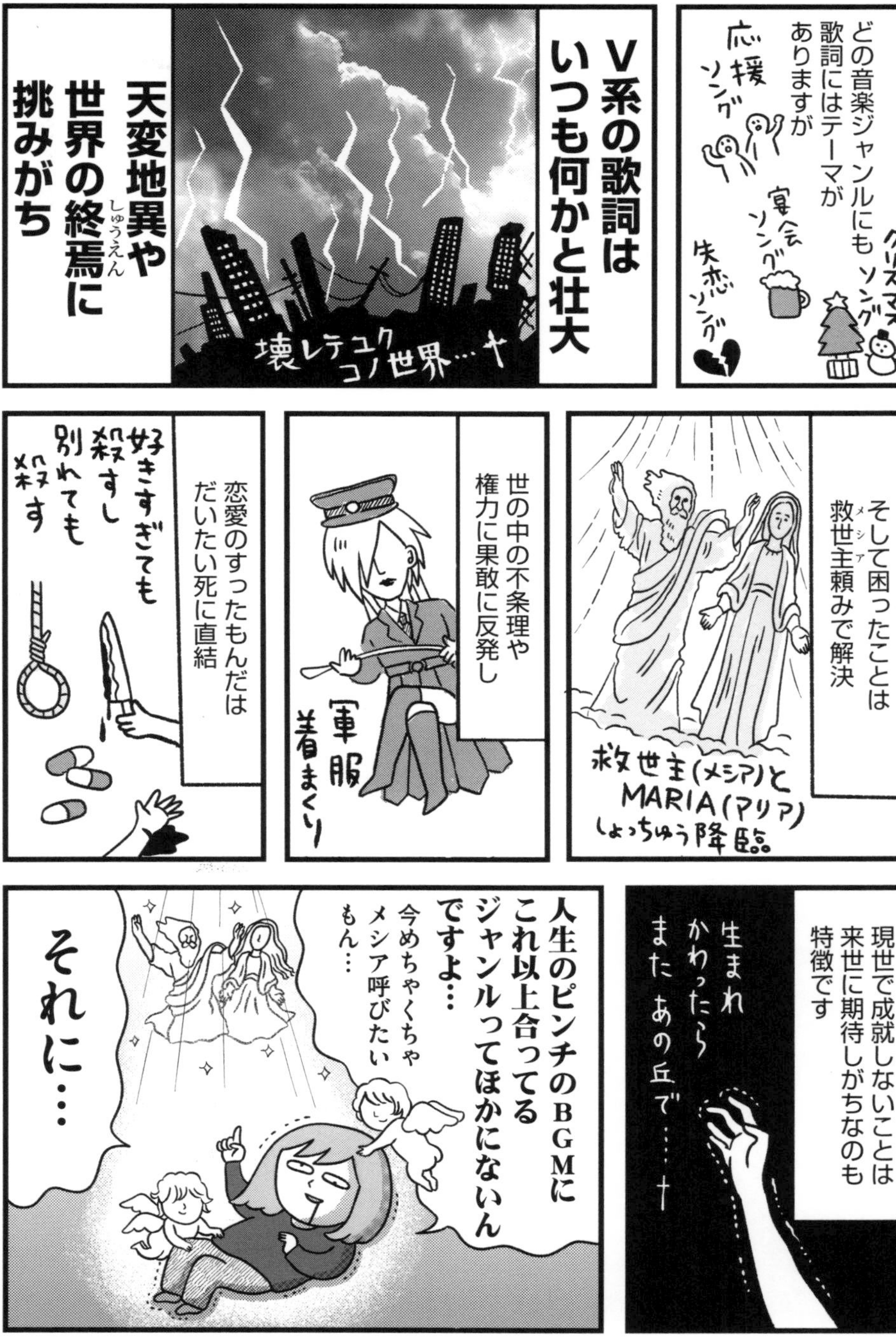

どの音楽ジャンルにも歌詞にはテーマがありますが
応援ソング
宴会ソング
クリスマスソング
失恋ソング
V系の歌詞はいつも何かと壮大
天変地異や世界の終焉《しゅうえん》に挑みがち
壊レテユクコノ世界…†
そして困ったことは救世主《メシア》頼みで解決
救世主(メシア)とMARIA(マリア)しょっちゅう降臨
世の中の不条理や権力に果敢に反発し
軍服着まくり
恋愛のすったもんだはだいたい死に直結
好きすぎても殺すし別れても殺す
現世で成就しないことは来世に期待しがちなのも特徴です
生まれかわったらまたあの丘で……†
人生のピンチのBGMにこれ以上合ってるジャンルってほかにないんですよ…
今めちゃくちゃメシア呼びたいもん…
それに…

こんなにも
V系の音楽が
世相にマッチした
時代って
未知の疫病
壊レル
世界…†
物価高騰
今まで
ありました!?

ひいき目を
抜きにしても！
私にも
世の中にも
V系が必要な
ときだと思う
んです!!!

というわけで
アラフォーならではの
受難まっ最中ですが
魂のV系語り
轟《とどろ》かせていきたいと
思いまーす！
愛媛 みかん

今こそV系の時代だ!!
第2話
世界よ、
これが令和のV系だ!
と前回
のたまいましたので
今回は解説をします

一般的に
V系といえば…
このへんの世代
かな…?!
こんな感じの
バンドが思い
浮かぶのではと
思うのですが…

ひとえに
V系といえども
ビジュアル系
それは まるで
ラーメンのように
二郎系
家系
青葉系
大勝軒系
いろんなスタイルに
わかれているので
見てみましょうネ!

超ざっくりスタイル解説

耽美系《たんび》

パッと見、コテビ系との
大差はないが、中世ヨーロッパの風味が効いている。近年は世界観の追求に磨きがかかり、宣材写真に馬が登場したりする。

ソフビ系

街中でも浮かない程度の装いが特徴。近年はこの状態で始動するというより方向性の変化から徐々にこうなることが多い。

コテビ系

濃い化粧と重厚感のある黒ベースの衣装でコッテリと武装した「元祖V系」といわれる王道のスタイル。歌詞や曲調も暗黒感漂うものが多い。

密室界隈系

かつて「密室ノイローゼ」というレーベルに所属していたバンドに多かったスタイル。一般的な「美しくなるメーク」はせず、具合が悪そうな装いが特徴。

コスプレ系

演劇やゲームのキャラのような装いが特徴。剣などの小道具で武装しがち。ヒトではないものになっているメンバーがいることも多い。

白塗《ぬ》り族

顔面を白のドーランで塗ったメンツで構成されるバンド。近年はバンド内でひとりだけ白塗りという差し色的なポジションになる場合も多い。

†令《れい》和《わ》版†ビジュアル系

懐古系

90年代のＶ系にタイムスリップしたような装いや演出をするスタイル。配信が栄える令和に、あえてカセットテープで曲をリリースしたりする。

七変化系

リリース曲のテーマや流行に合わせて見た目も世界観も柔軟に変えるタイプ。YouTubeやSNSを巧みに使いこなし、他ジャンルとも果敢にコラボする。

お笑い特化系

ライブにコントのコーナーがあったりネタ系ＰＶを作ったり、ダークさより笑いに特化したスタイル。郷土愛も強く、ご当地ソングが大得意。

歌舞伎町《かぶきちょう》系

Ｖ系の派手《はで》さに水商売の色気と財力がプラスされたスタイル。歌舞伎町界隈のすったもんだが切なく歌われた曲が得意。

和装系

豪華絢爛《ごうかけんらん》な和服モチーフの衣装が特徴。曲にも三味線《しゃみせん》や琴《こと》など和の楽器がよく使われ、ライブではペンライトのようなノリで扇子《せんす》をヒラヒラさせる文化が根づいている。

キラキラ系

化粧の濃さや派手さはコテビ系と同等だが、暗黒感よりもきらびやかさや原色感が際立つスタイル。宣材写真の表情が笑顔。

あと活動歴が長くなると
どのスタイルにも当てはまらない
バンドも出てきますし
大御所系
ギター
コテビ系
ボーカル
ソフビ系
ベース
ハワイアン系
ドラム
モード系
メンバー各々の個性が伸びてきたため
衣装やメークでの統一感を出さなくなったスタイル
ひとつのバンドに2～3要素入ってる場合も多いです
コテビ系
+
お笑い特化系
=
稀《まれ》ですが同じメンバーでタイプ違いのバンドをべつで組んでいるパターンもあります！
キラキラ系
懐古系
めんまさんはどのタイプが好きです？
衣装もメークも黒めで濃い～のが好きなんで白塗り族・密室系かなぁ
編
よーじやのロゴが好みのタイプどんぴしゃです
よーじやをそんな目で見てるのめんまさんだけですよ
よーじや
編
これはV系に目覚めたころのことなんですが…
小学５年生

当時自分の容姿に絶望し陰気だった私は
頭にちんげはえとる
ちんげ
超くせ毛
ちんげ
ちんげちんげ!!
見た目を変えたい願望はあったんですが
蟹めんま（11歳）
人はありのままでいるべき！
天然の姿じゃなきゃだめ！
ナチュラルビューティー
素材を生かしたおしゃれをすべき！
頭がかたい子供でした
ところがV系に
原形・性別すべて無視
目覚めたことで
髪形変えたきゃ
カツラかぶればいいんだ――ッ！
肌も好きな色に
塗ればいいんだ！
白でも青でも赤でも
人間をやめてもいいんだ――！
なんだこれは
V系には人間じゃない人がわりといます

そしてだいたいのことは！
アイライナーで
目のまわりも
くちびるも
それ以外のところにも
どうにかなる!!
悟りが開けました
実際どうにかなっていたかといえば…
どう見てもなってない!!
※13歳作者
塗りたくればなりたいものになれる！
というのがV系の楽しいところだと思います！
重力にも屈さない
ヘアスプレー
ヘアスプレー
編

第3話
バンギャルはいろいろ
バンドもいろいろ
ひとえにバンギャルといっても
いろ〜んな人がいます
ロリータちゃん
ツアーグッズでコーディネートさん
ぴえんのみなさま
田植えスタイル
特別はげしいライブによくいる民族
いつも職場からかけつける人
定時ダッシュして汗だく
バンドマンのコスプレさん
ドレッシ〜なちゃんねー
共通点がなさそうな人たちでも
学校だときっと別グループ
追っかけた時代が似ていると
私2014年くらいにキャンサーとか通ってたわ
あっ！よく対バンで見たよ！
CDも持ってる！
会話が弾むし
渋谷《しぶや》公会堂《こうかいどう》また名前変わった？
今ラインキューブ渋谷になってます
その前はCCレモンホール
40代
20代
年代がちがってもわりと話題はあります
しかしなぜかこれがちがうと
好きなバンドの人気度
世界線がちがってくるのです

私が中学のころ
クラスメイトはジャニオタだらけ
地元ではバンギャルがレアな人種だったので
明星
さみしい…
うちの部の後輩がバンギャルなんだって！紹介してあげる〜！
?!
ええっ！マジで？
たまに同級生が人材をあっせんしてくれることがありました
先輩 私そんなマニアな感じじゃないんですけど…
何いってんの！コンサートいってるんでしょ？十分！十分！
めんまちゃんはなんてバンドが好きなん？
Bunka《ブンカ》ってバンドだよ し知らないと思うけど…
玟華
-Bunka-
うん知らんな〜
この子はエンジェルスってバンドが好きなんだって〜！
エンジェルスだと…!?

エンジェルス…
最近武道館《ぶどうかん》
3デイズやって
オリコン
ベストテンの
常連…
一応
V系だけど
最近は
化粧薄めで…
もうお茶の間の
人気者なん
だよな～…
この子むしろ
Bunkaは
苦手なタイプ
では…？
後輩だし
気遣ってそう…
AN
GELS
ぶ…Bunka…
全然知らん…！
どうしよ～…
化粧濃い
マイナーなとこかな…？
エンジェルスは
大きい会場で
ワンマンライブしか
しないから
マイナーなバンド
全然知らないん
だよな～…
そもそも私って
バンギャルを
名乗るほどじゃ
なくない…？
先輩だし
どうしよ…
今絶対
困ってる…!!
ふたりとも私に
感謝するん
やで～♡
同じバンギャル
なのに大沈黙…

めんまさんはどういう感じの人と仲良しだったんですか？
編
環境が似てる人同士でつるみますね
●ややマイナーなバンドのファン
●ふところ事情が合う人
●門限がある人
●奈良市内で遊べる人
なかなかライブにいけない中学生でしたから
金がなく親もきびしめ
たくさん遠征している同世代のことは
東京から来てるの－？
私九州からだよ
ちょっと遠巻きに見ていました
理由はただひとつ！
ツアーどこいく？
初日の東京《とうきょう》と～柏《かしわ》と～仙台《せんだい》と～名古屋《なごや》と～大阪《おおさか》と～広島《ひろしま》と～福岡《ふくおか》はいけたらいく
あんた学校いく気ないっしょ～？
うらやましくなっちゃうから!!
持っているグッズや知識量の差にへこんだり
新曲最高だった～死ぬほど聞いてるよ～
新曲
ほしい…!!
それは会場限定音源！

話題に入れなかったり
ねぇねぇ今日のライブアレやるかなぁ
アレはやるっしょ〜東京も名古屋もやってたし
アレって何…？
うらやましくなるだけならまだいいですけど
嫉妬《しっと》というのは人を狂わせますので
あんなに頻繁に遠征できるなんて
怪しいバイトしてるんじゃないの？
変にイチャモンをつけてしまうようになったり
向こうの何気ないひと言をマウントととらえたり
東名阪《とうめいはん》ライブまわったんだ！ファンの鑑《かがみ》だね！
いやいや全通《ぜんつう》じゃないし私なんてにわかだよ〜
いやみですか？
あんたがにわかなら私はなんなんだ…⁉
自分はバンギャルを名乗っていいんだろうか…？
どんどんめんどくさい感じになっていくんですよ

「自分はバンギャルを名乗っていいんだろうか？」ってけっこうみんな悩むんですか？
一度は通る道なんじゃないですかね…？
でも大人になって…
わかったんですよ…
われわれがバンギャルかバンギャルじゃないかなんて
ささいなことなんですよ
もっとほかに由々《ゆゆ》しき問題があるんですよ！
な…なんですかそれは…!?
物議をかもすのは
V系なのか？
V系じゃないのか？
こっちの問題です!!

たとえば歌番組に
お化粧こってり
こ～んなバンドがあらわれて
あっ V系バンドだ！
テレビ
ツイッター
つぶやこうもんなら
FF外から失礼します。彼らはメタルバンドですV系じゃありません！
メタルバンドという指摘がきてますがちがうと思います。ロックバンドですよ。
ソースはないですが昔メンバーが「自分たちはV系ではない」とライブのMCでいったそうです！
V系にもメタルにも影響を受けてますが本人たちはラウドですよ～！
レコード会社が○○だからV系でいいんじゃね？
わ――!!
超会議勃発!!
ネット上で解釈ちがいに出くわすと
ああとっても
もの申したいいいいいいいいい
スマホ
こだわりがあればあるほどはがゆくなるのが人の性《さが》…

しかし最近は世の中がどんどんカラフルになっているので
男子のメイクは普及しまくり
派手髪ツーブロックなんでもあり
厚化粧でもV系じゃないパターンが
そんなにコッテリしてるのに?!
こてこて
こてこて
ものすご〜〜〜〜く
よくある!
しかもそういう人たちは音楽性も近かったりして
激しくて速くてやかましい
頭もぶんまわす系
もはや素人《しろうと》には判別不可能…
本人らが明言してくれると不毛な争いに終止符が打たれるのですが
このコメントが出たらV系確定
これからも俺たちは!
このV系シーンを盛り上げていくぜ!
わかりやす〜い♡
アーティストのみなさんは
俺たちはジャンルにとらわれない活動をしていきます!
雑誌インタビュー
またややこしくなったどーー!!
火に油をそそぐことがほとんどなのでした…!

『ほんわら』での連載が決まった瞬間
hon-wara
LIVE SPACE
一目散でライブハウスへ！

※禁止事項は情勢・感染状況によって厳しくなったりゆるくなったりします

それにしても…
コロナ禍《か》はヘドバンもほかのノリも禁止…！
そろり
そろり
ライブは盛り上がるのか…？
頭が振れないなんてどうノッたらいいんだ…？
ガチャ
指――!?
第4話
コロナ禍のライブハウスにいってきた
頭を封じられたバンギャルは指を振っていました
チョイ
チョイ
チョイ
チョイ
チョイ
チョイ
チョイ
チョイ
チョイ

この奇妙な「指バン」
とりあえず参加
実はコロナ前から存在はしていました
ヘドバンに必死なバンギャルといえば
酒・タバコ・不摂生
不健康
病
破滅
夜型
血
狂信的
クスリ
ぴえん
こんなイメージかもしれませんが
実はヘドバンは超グッドコンディションじゃないとできない
基本みんなライブ中はシラフ
何もつかまらず頭を振る体幹のよさ
ブレない足腰
遠心力に負けない首の筋肉（髪が長いとかかるG《重力》がデカい）
とにかく体力がいる
元気の象徴
なのでこういう人たち
実はとっても健康なのです！
しかもヘドバンはなにかとデメリットも多い行為ですから
やってるあいだはステージ見られない
はかり知れない首への負担

どんなに盛り上がるライブでも
会場の後ろのほうには
ライブは1分1秒
見逃さず網膜に
焼き付けるタイプ
じっ……
本命バンドの
出番までは
体力温存したい
タイプ
仕事帰りに
慌ててきたので
荷物が多く
動けないタイプ
定時ダッシュで来たひと
ロッカーに荷物入れそこねた…
ノリを
イマイチ
把握して
いない
新規客
ユルいノリで
見たいタイプ
SNSに正確な
ライブレポを
したためたい
タイプ
メモ
いろんな理由で
ヘドバンせずに楽しむ人も
たくさんいます
指バンは
そんな人々の
省エネ
ヘドバンとして
一部でひっそりと
行われており
ましたが
棒立ちに
あきると
たまに指チョイ
対コロナ用ヘドバン
としてフロア全体に
普及していました
めちゃくちゃ怪しい
そして明らかな
変化といえば
こういう
ファンサービスが
ないこと!!
キャ〜
以前はライブが
盛り上がると
ギターのピック
アメちゃん
ペットボトル
ドラムのスティック
たまにバンドマン
客側にいろんなものが
降りそそいでいました

中にはこんなサービス(?)をするバンドもおり
ステージから散水
そういうバンドは出番が終わると
すいませええん!!
床ふきまぁぁす!!
※常連ファン
アイツら毎回水まいてほんっとイヤんなっちゃう!
ウチらがこなかったらどーすんのよ～♡
超迷惑～～～♡
※ものすごくうれしそう!!!!
(掃除用具はみずから持参)
もうっ…♡
バカなんだからっ…♡
毎回こんなハートフルラブコメが見られたのですが
まわりはポカーン
今は当然水まき禁止…
スーパー濃厚接触
ライブハウスからいろんな意味でのうるおいがなくなってしまいました
干からびました
ラブコメが見たい…

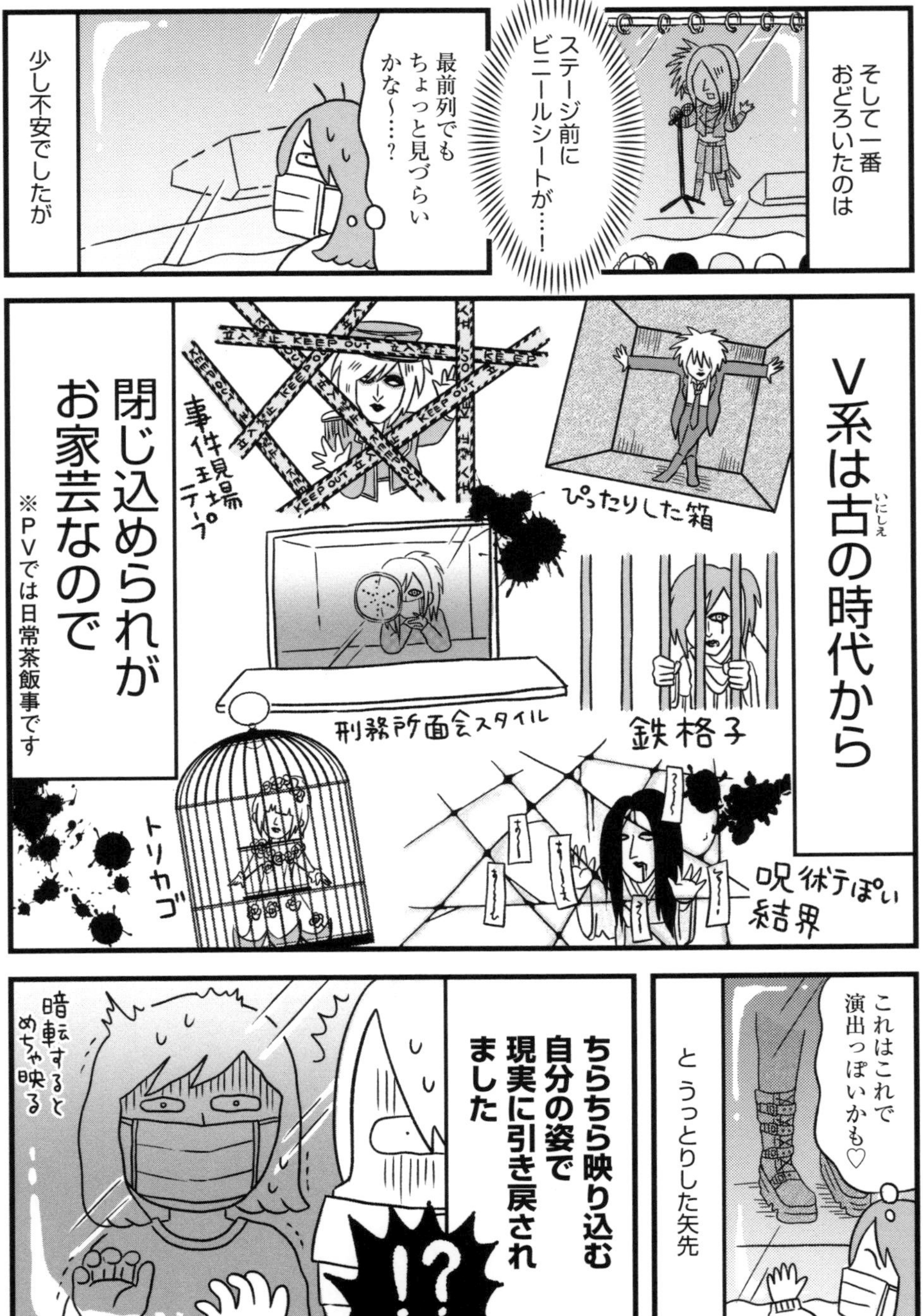

そして一番おどろいたのは

ステージ前にビニールシートが……！

最前列でもちょっと見づらいかな～……？

少し不安でしたが

V系は古の時代から

閉じ込められがお家芸なので

※PVでは日常茶飯事です

事件現場テープ

ぴったりした箱

刑務所面会スタイル

鉄格子

トリカゴ

呪術っぽい結界

これはこれで演出っぽいかも

とうっとりした矢先♡

ちらちら映り込む自分の姿で現実に引き戻されました

暗転するとめちゃ映る

！？

ちなみに演奏終了時
またネ～
声出しはNGなので
とにかく拍手!!
ステージへのお気持ち表明は拍手が基本
パチ パチ パチ パチ
みんなできるだけ長く大きく拍手をするのですが
パチ パチ パチ パチ パチ パチ
昭和《しょうわ》・平成《へいせい》を駆け抜けた日本人が
パチパチパチパチ パチパチパチパチ パチパチ
…………
…………
パチパチパチパチ パチパチパチパチ パチパチ
長時間拍手をがんばってしまうと
パン!!
どんなV系も
いいとも!
パパパン!!
高確率で「笑《わら》っていいとも!」になるのでした
(ついでに年齢層もバレます)

※出てくるバンド名はすべて架空のものです

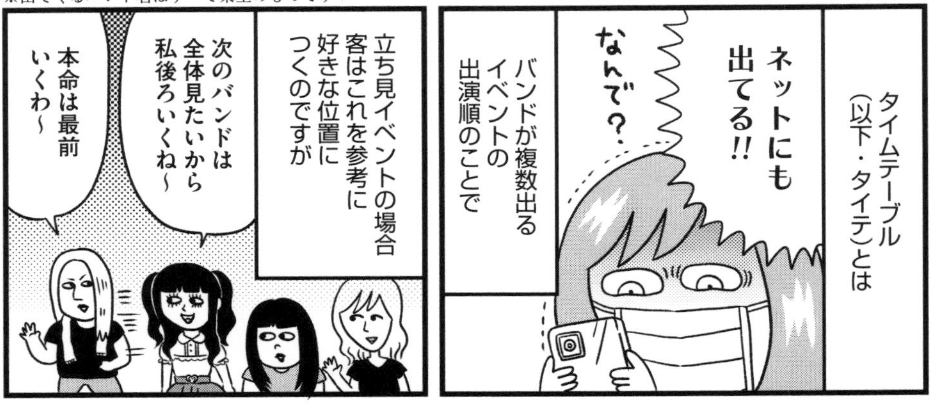

なぜかV系は
目当てのバンドの出演時間がわからない…
タイテが非公開!!
各出演バンドごとにあるステージ転換時間も
15分程でステージの楽器類を入れかえます
普通は演奏前のセッティングで
メンバーみずからセッティング
次演奏するバンドがわかるのですが
V系の場合
たまに足などがチラ見え
幕でステージを隠すので
照明が落ちて演奏が始まるまで
次どのバンドが出てくるかがわからないのです
次はここか〜
しかしタイテがわからないのはバンギャルにとって死活問題…
チケット取ったのに間に合わなかった!
推しの出番が何時かわかってれば仕事休まなくてもこられるのに!
終演時間がわからんと泊まるか日帰りするか決められないよ!

たった4時間の歌番組ですらタイテを出すのに
Mステのスペシャルとか紅白とか
16時から22時の6時間イベントが出さないなんてどうかしてる！
タイテを出せ！タイテを出せ！タイテを出せ！タイテを出せ！タイテを出せ！タイテを出せ！タイテを出せ！タイテを出せ！タイテを出せ！
こんな憎しみにまみれているうちに
バンギャルにも次第に
ギャ眼《がん》の力《ちから》をナメるなよ！
タイムテーブルを見抜く第三の目が開眼
一応タイテの組まれ方には傾向があるので
●基本は若手が先・ベテランが後
●動員が多いバンドほど後のほう
それをふまえつつ…
明日の一番手はチョキチョキで間違いないよね？
若手だしね
いや…キャンサァ。だと思うな…
キャンサァ。はベテランだしむしろトリだと思うんだけど…？
動員もたくさんいるんじゃん
うん…普段はそうなんだけど…

キャンサァ。のギターがかけもちしてるバンドがあるんだけどね
ほう!?
化粧してないジャンルの
そこが翌日北海道《ほっかいどう》でライブらしく
ほほう!?
苫小牧
夕方には東京を発《た》って茨城《いばらき》にいくはず…
あっ！フェリーか！
北海道・苫小牧
茨城・大洗
一番手がほぼ確実かと…!!
すげぇ〜
名推理がさく裂
しかしいくら探ってもわからない場合…
ライブ当日開演直前に常連・古株勢による
有識者会議が大勃発

転換タイムはステージと暗幕の下のわずかなスキマに
神経を全集中
次のバンドキーボードあるかも…
マジで!? だったら次紅《ベニ》ZUWAI《ズワイ》で確定だ！
でかしたぞ
※V系はキーボードがあるバンドが少ないのでわかりやすいです
設置された楽器をヒントにしたり
下手《しもて》側にデカイ箱っぽいもの置いてある…
なんだアレは
あっ！それ棺《かん》桶《おけ》です！
ベースはそこから出ます！
ステージセットを分析したり
アナスイとマルボロが混ざったにおいがするので
くんか
くんか
くんか
今準備してるのはLa'Meen《ラメーン》のベースのはずです～
オ〜〜ッ！
ソムリエが活躍したり

そしてさらに進化すると…
ギュイ〜〜〜ン
ピロピロ….
※楽器セッティング中のギター試し弾きの音
あっ…この音は…
今のギターは地獄蟹《じごくがに》の上手《かみて》ギターさんの音で…
間違いないと思います!
Oh〜〜!!
楽器試し弾きでのタイテ的中!これができると圧倒的玄人《くろうと》感です
ついにタイテをめぐる長い戦《いくさ》が終わった…
健康で文化的なバンギャル活動ができるぞ〜
今までタイムテーブルを暴いてくれた猛者のみなさま
めちゃくちゃ感謝してま〜〜〜〜す!!
タイムテーブル公開
祝 タイテ公開時代幕開け

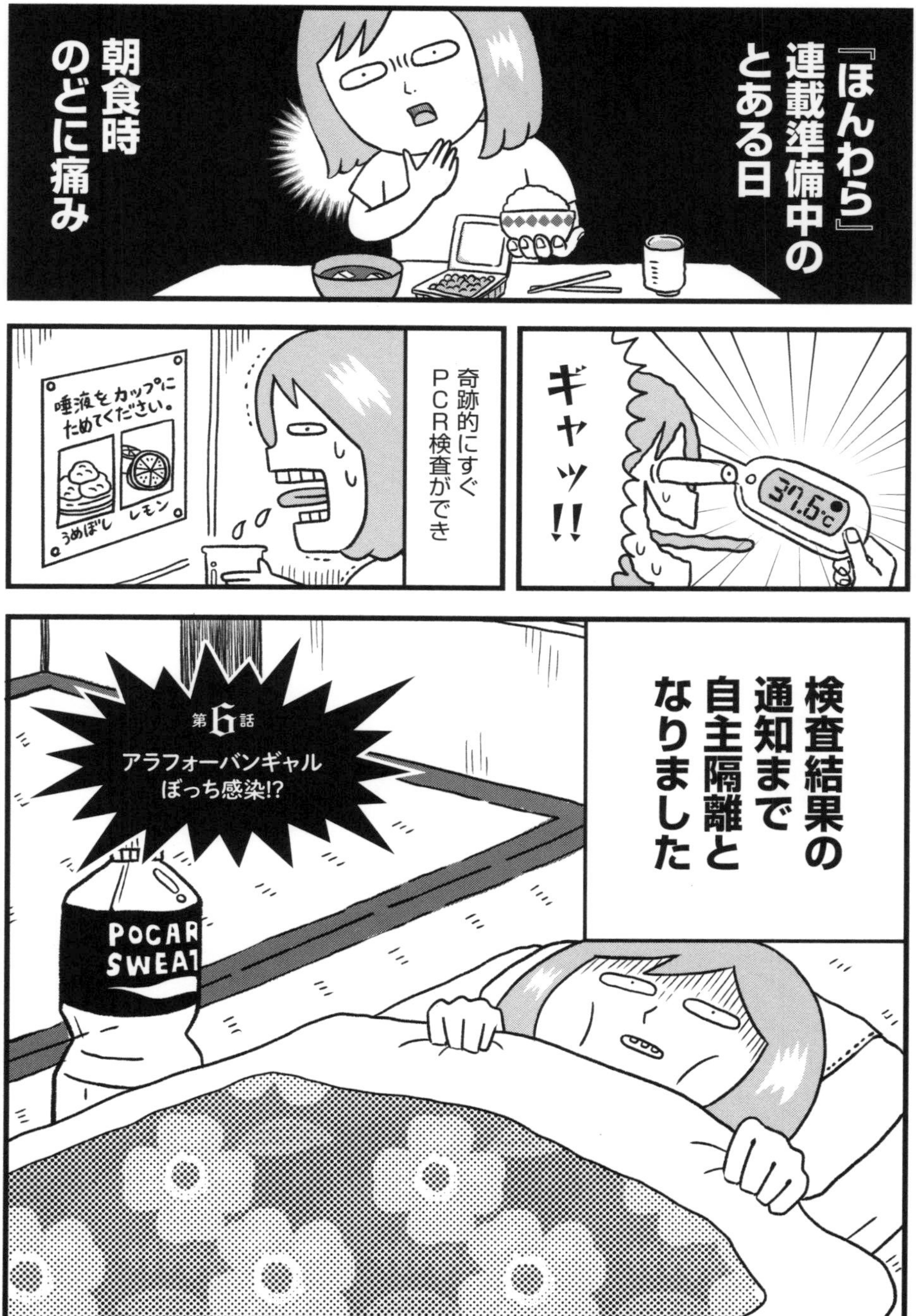
『ほんわら』連載準備中のとある日
朝食時のどに痛み
ギャッ!!
37.5°C
奇跡的にすぐPCR検査ができ
唾液をカップにためてください。
うめぼし
レモン
検査結果の通知まで自主隔離となりました
第6話
アラフォーバンギャル
ぼっち感染!?
POCAR
SWEAT

知人たちのリアルな声
この時期 周囲でも感染者がたくさん出ており
保健所の電話はまったくつながらなかったよ！
ベッドの空きがないから私らの世代は入院できないよ
療養物資がぜんぜん届かなかったよ
治ってからも体力落ちてしんどいよ
※令和３年８月時点の状況です
流行株は急変のスピードが速くたちまち呼吸困難に陥るという声が多い
ヒィ〜
急変して突然死んだら数日間は発見されないだろうなぁ〜
真夏だから腐るなぁ〜
ハァ ハァ
………
ハァハァ
…まてよ…？
蟹めんまの生活スペック
弱小漫画家
当時漫画連載ナシ
同僚ナシ
超ボロアパート
バツイチ
恋人なし
1カ月以上人と会った形跡ナシ
両親は遠方在住
感染予防のため2年会っていない
家具はすべてリサイクルショップの中古
散らかった室内
せんべい布団
貧弱な残高
POCARI SWEAT
HON・WARA

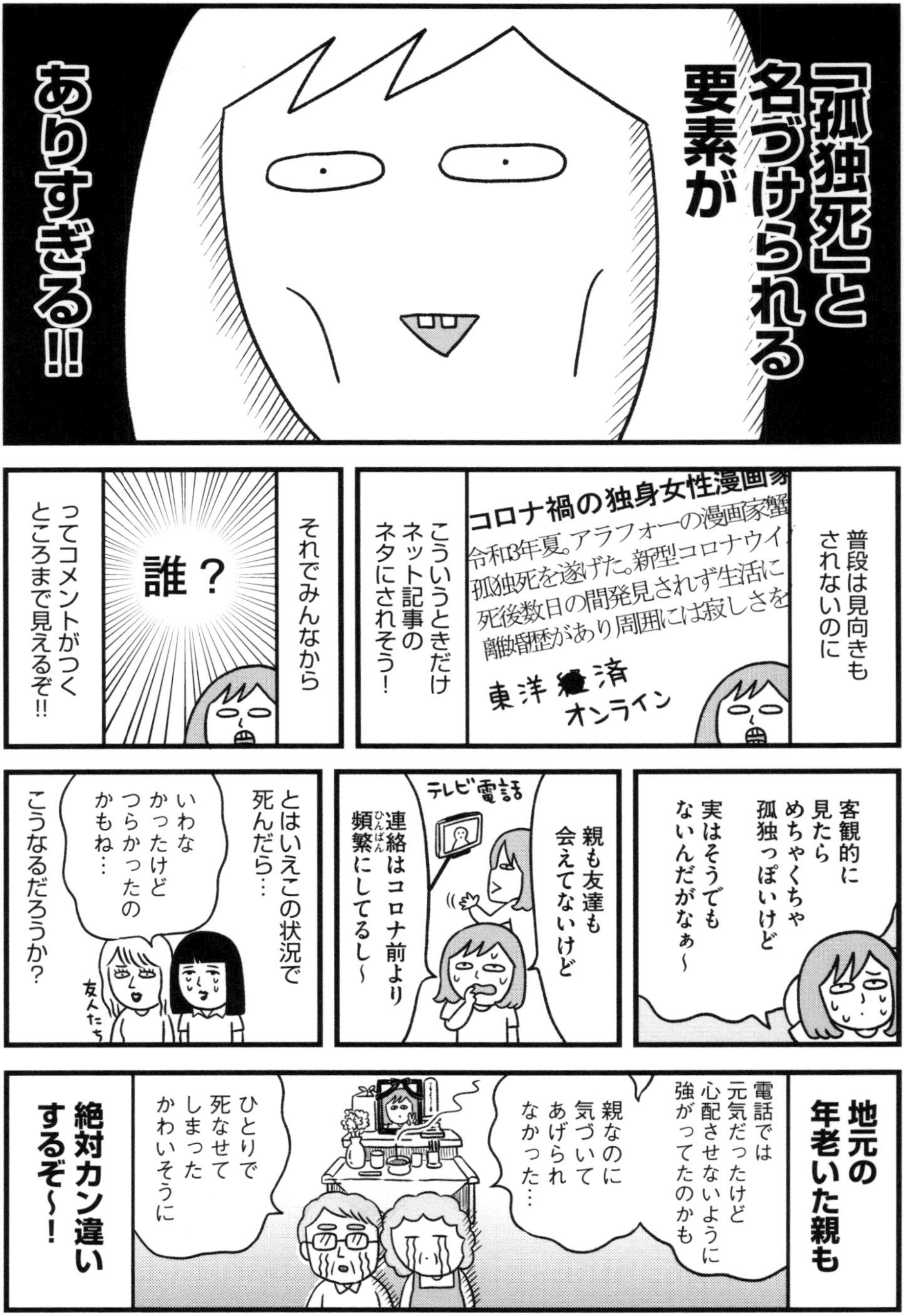
「孤独死」と名づけられる要素が
ありすぎる!!
普段は見向きもされないのに
コロナ禍の独身女性漫画家蟹
令和3年夏。アラフォーの漫画家蟹
孤独死を遂げた。新型コロナウイ
死後数日の間発見されず生活に
離婚歴があり周囲には寂しさを
東洋経済オンライン
こういうときだけネット記事のネタにされそう！
それでみんなから
誰？
ってコメントがつくところまで見えるぞ!!
客観的に見たらめちゃくちゃ孤独っぽいけど実はそうでもないんだがなぁ～
親も友達も会えてないけど
テレビ電話
連絡はコロナ前より頻繁《ひんぱん》にしてるし～
とはいえこの状況で死んだら…
いわなかったけどつらかったのかもね…
友人たち
こうなるだろうか？
地元の年老いた親も
電話では元気だったけど心配させないように強がってたのかも
親なのに気づいてあげられなかった…
ひとりで死なせてしまったかわいそうに
絶対カン違いするぞ～！

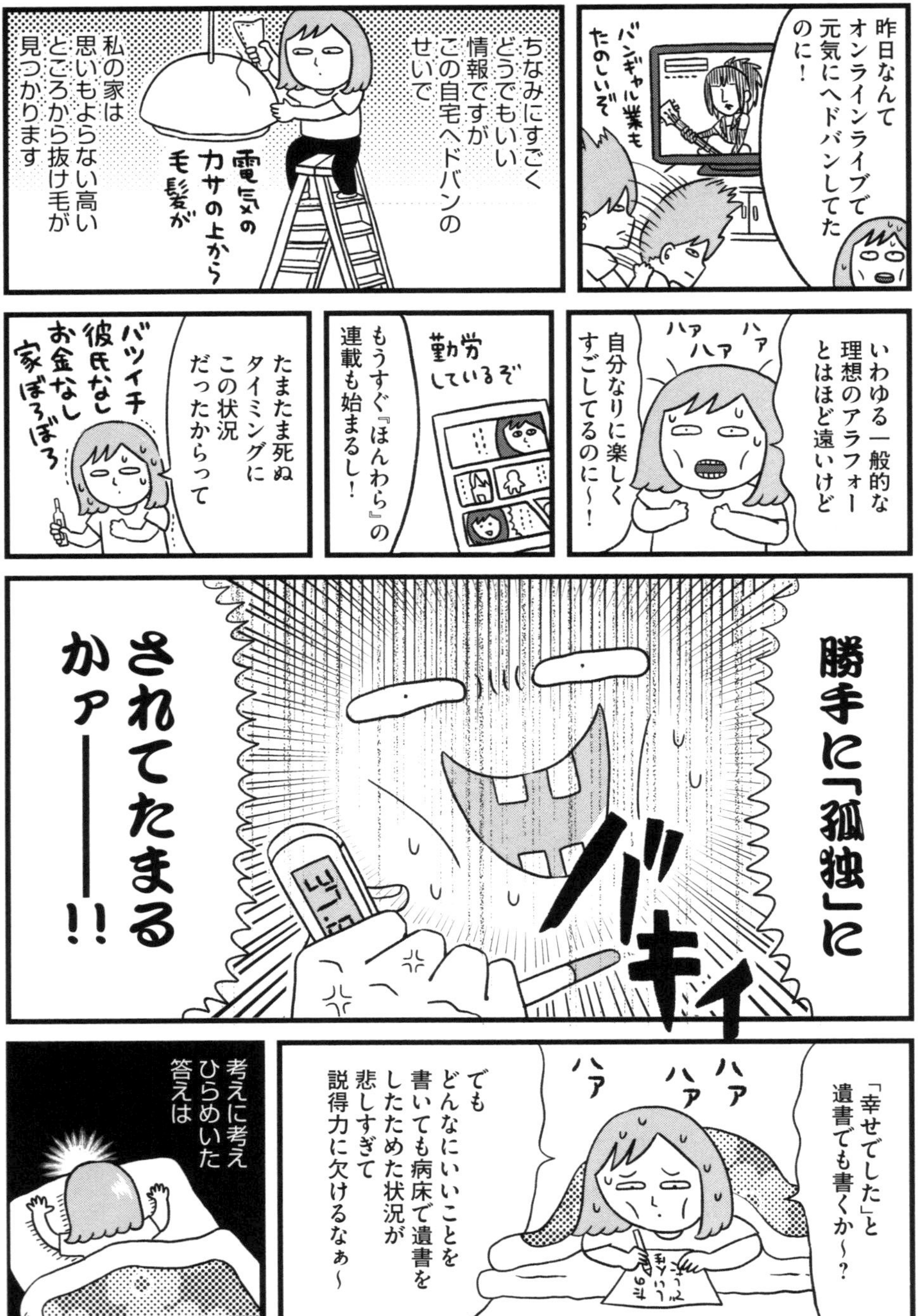

昨日なんて
オンラインライブで
元気にヘドバンしてた
のに！
バンギャル業も
たのしいぞ
ちなみにすごく
どうでもいい
情報ですが
この自宅ヘドバンの
せいで
電気のカサの上から
毛髪が
私の家は
思いもよらない高い
ところから抜け毛が
見つかります
いわゆる一般的な
理想のアラフォー
とはほど遠いけど
ハァ ハァ ハァ
自分なりに楽しく
すごしてるのに～！
勤労
しているぞ
もうすぐ『ほんわら』の
連載も始まるし！
たまたま死ぬ
タイミングに
この状況
だったからって
バツイチ
彼氏なし
お金なし
家ぼろぼろ
勝手に「孤独」に
ギキイ
されてたまる
かァーーー!!
「幸せでした」と
遺書でも書くか～？
ハァ ハァ ハァ
でも
どんなにいいことを
書いても病床で遺書を
したためた状況が
悲しすぎて
説得力に欠けるなぁ～
考えに考え
ひらめいた
答えは

わっしょい
うんち
焼き
わっしょい
うんち
焼き
「わっしょいうんち焼き」とは…
SNSで話題になった、うんちの形の
鈴カステラが焼けるホットプレート
激戦を勝ち抜いて
買った家宝「わっしょい
うんち焼き」プレート…!
ヒカキンも
2台買ってたやつ
すっ…
すごい…!
こいつを
ちゃぶ台の上に
置くだけで
悲壮感が
ゼロに…!
これがうんちの
威力なのか…!
うんち
これが枕元に
あるだけで…
万が一どんな
むごい死を遂げても…
自主規制
娘さんは亡くなる直前まで
うんちを焼いていたようです
エッ
うんち?
うんち
ですか…
そこそこ陽気に
暮らしてた感!
けいさつ

ちょっと焼いた形跡も残そう
ハァハァ
ジュー
フフフ
ジュー
ヒャハ～～！
ほかほか
うんちは平和の象徴や～☆
わが人生に悔いなし！
寝るぞ～
POCARI SWEAT
検査結果は陰性でした
お騒がせしました

V系といえば
おどろおどろしいPV演出がおなじみで
たまにライブでもPVの再現演出があったりしますが
ゲホゲホ
喀血パフォーマンス（※もちろん血のり）
!!
ちょっと失敬
ハァ…ハァ…
実はわたくし
ゴホッゴホッ
第7話
V系名物★グロPV鑑賞会
おろろろろろ
グロがものすご〜く苦手なのです…

ガチ寝こみ
しかも見てしまうとわりとめんどくさいレベル
バンギャル向いてないわ～
※ライブ会場救護室
とくに苦手なのは内臓と血…！
血
内臓ポロリ
拷問《ごうもん》とかも全般的にアウト
拷問
映画・まんが・ゲームもグロ描写がダメです…
ところでなんでV系のPVはグロくなりがちなんですか？
編集部Aさん
編
基本的にハッピーな曲が少ないし～
死に別れの曲が多いし～
両思いでも愛情表現がヤバい方向にいきがちで
死別
SM
監禁
バンギャルでいる以上出くわす可能性が高いんですね
そうなんです～
編
不意打ちで見ちゃいそうになったらセルフ目隠しで自衛しております
こうやって
編
ただ…
V系のPVには…
「この演出があったらグロいPV確定！」
というお決まりシチュエーションがいくつかあるんです！
なるほど！それを心得ておけば直視しなくて済む！
編
グロ確定
パチンコの確定演出みたいなモノです

グロいPV確定演出①
メンバーの衣装がシンプルな白シャツ
こってり
さっぱり
白衣とかも
普段ゴテゴテなバンドが突然白シャツを着てくると…
超高確率で喀血《かっけつ》します…
ゴホッ!!
血のり映え
でも白シャツ×血のりは駆け出しの若手に多い演出なので
やばい死体
内臓
出てこない!! なぜならお金がかかるから!! (たぶん)
喀血以上のグロは出てきにくい気がします
グロいPV確定演出②
虫いっぱい
ミルワームの皆様
もぞ
もぞ
ひえ〜気持ちわる〜
編
これは単純で…
虫がいっぱいわくということは…
……
もぞ
もぞ
編
だいたいパンチの効いた死体が出てきます
つまりエサ!
なるほど…
もぞ
もぞ
もぞ
編
めんまさん虫は平気ですか?
虫だけなら平気です
趣味で釣りをするので
編

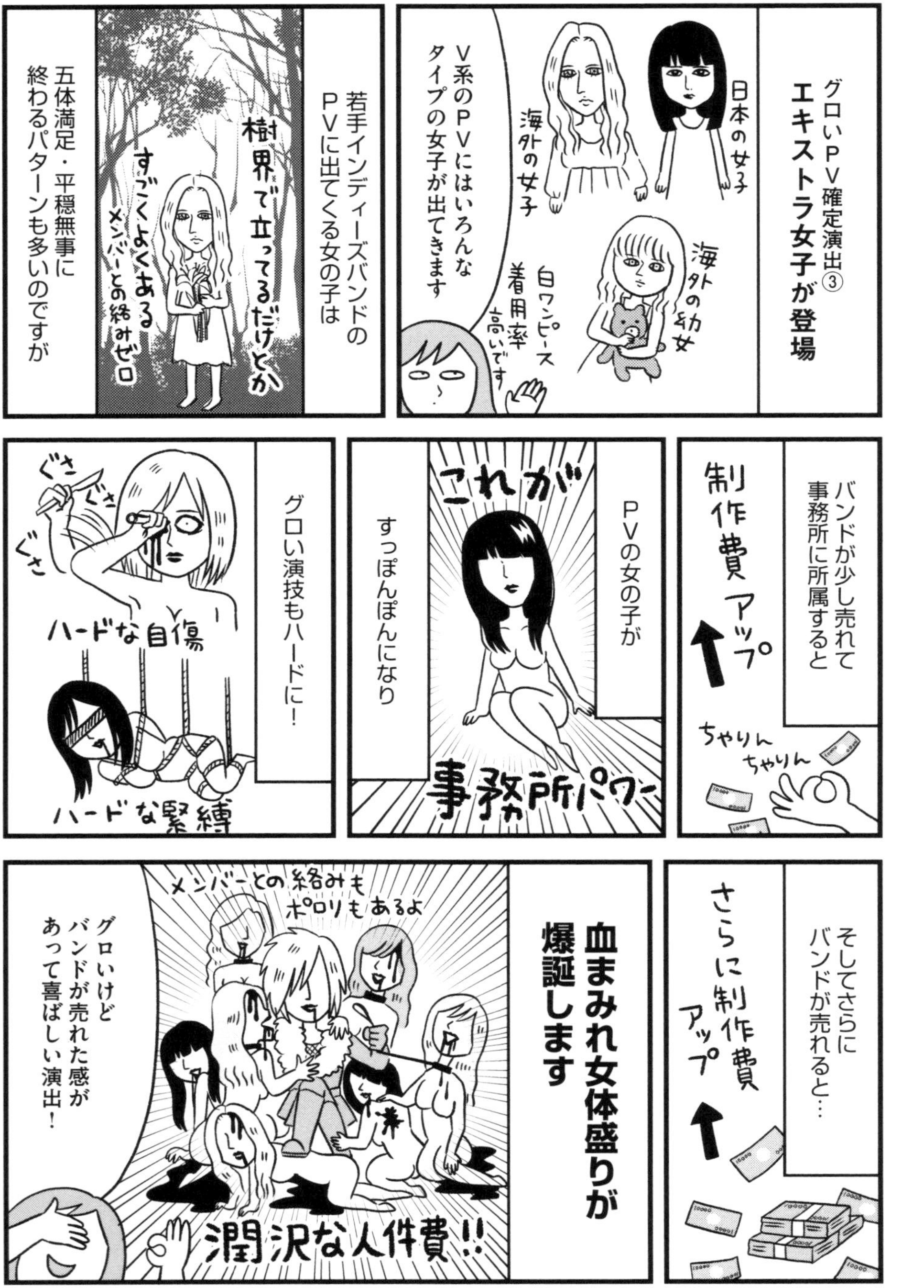
グロいPV確定演出③
エキストラ女子が登場
日本の女子
海外の女子
海外の幼女
白ワンピース着用率高いです
V系のPVにはいろんなタイプの女子が出てきます
若手インディーズバンドのPVに出てくる女の子は
樹海で立ってるだけとか
すごくよくある
メンバーとの絡みゼロ
五体満足・平穏無事に終わるパターンも多いのですが
バンドが少し売れて事務所に所属すると
制作費アップ
ちゃりん ちゃりん
PVの女の子が
すっぽんぽんになり
これが
事務所パワー
グロい演技もハードに！
ぐさ ぐさ ぐさ
ハードな自傷
ハードな緊縛
そしてさらにバンドが売れると…
さらに制作費アップ
血まみれ女体盛りが爆誕します
メンバーとの絡みもポロリもあるよ
グロいけどバンドが売れた感があって喜ばしい演出！
潤沢な人件費!!

そして強烈なグロPV確定演出
ぶっちぎり1位は！（※蟹めんま調べ）
気になる～
編
グロいPV確定演出④
ロケ地が民家
民家!?
編
PVの初お披露目《ひろめ》がライブだったとき
新曲PV
本日
初解禁！
お～
おぉ～！
最初のシーンで民家の外観が映ったら
パッ
!!
!!
!!
!!
バンギャルはこうなり
あ～…！グロ確定…
YouTube《ユーチューブ》用は規制版かな…
うわ～グロか～
これはグロやな…
私はこうなります
ギュッ！
そんなに!?
編
※バンドタオルで耳と視界をシャットアウト

そんな民家PVによく出てくるのが冷蔵庫！
冷蔵庫？
編
中身をよ～く見てください
作り置きおかずがたくさんあっていい感じですよ？
編
保存容器の中身は…？
1992/07/15 O型♀
腹部
1989/12/03 A型♀
顔面
1992/03/21 O型♂
腕・手
ぎあ～～～っ!!!
※お察しください
編
これはどういう曲のPVなんですか!?
見れん
愛情表現が猟奇的なやつです
編
会いたくて会いたくてふるえる！
永久に自分のものにしたい！
食べちゃおう！
V系はこういう歌詞の曲がたくさんあります
物騒だなぁ…
編

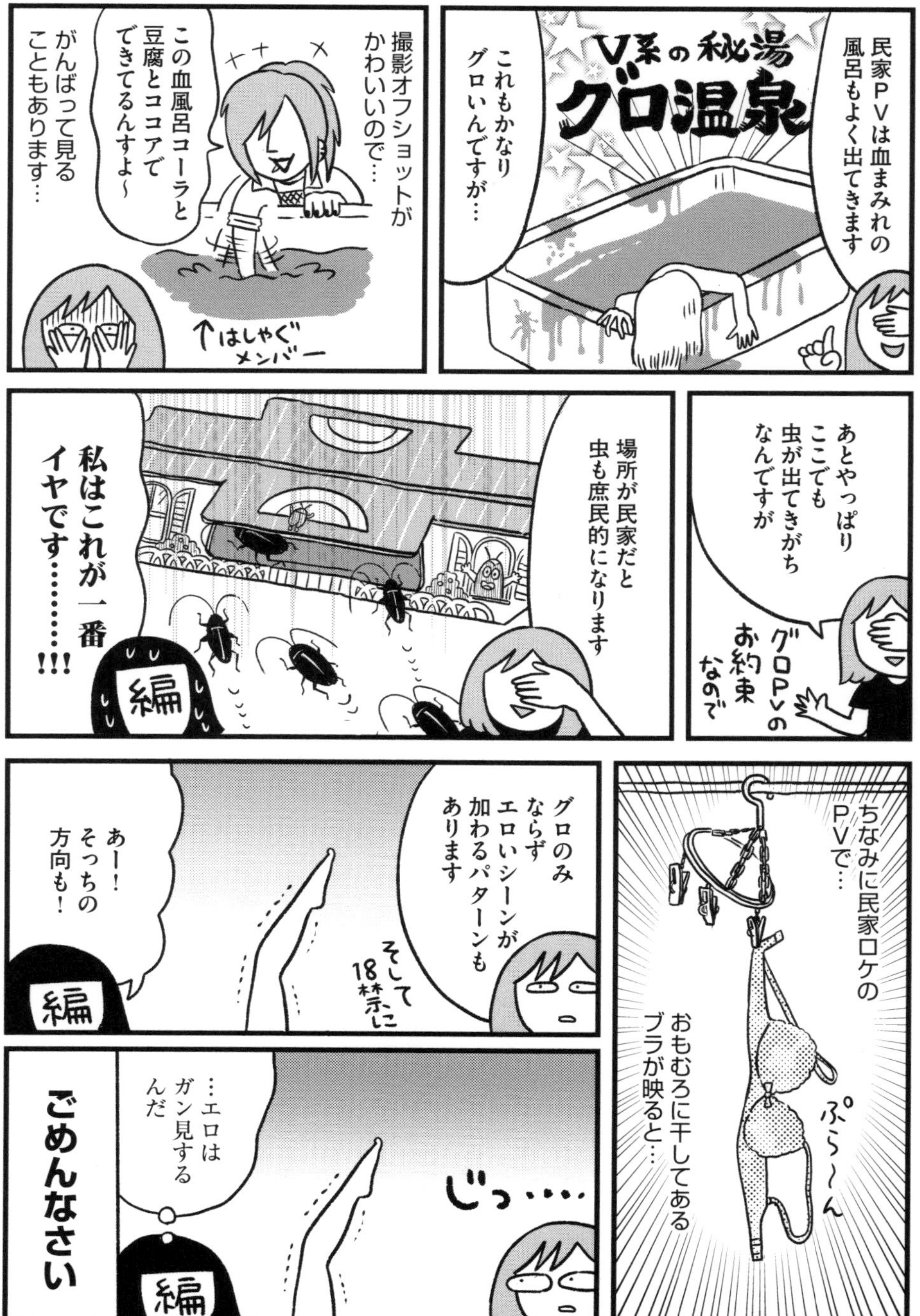

民家PVは血まみれの
風呂もよく出てきます
V系の秘湯
グロ温泉
これもかなり
グロいんですが…
撮影オフショットが
かわいいので…
この血風呂コーラと
豆腐とココアで
できてるんすよ～
↑はしゃぐ
メンバー
がんばって見る
こともあります…
あとやっぱり
ここでも
虫が出てきがち
なんですが
グロPVの
お約束
なので
場所が民家だと
虫も庶民的になります
私はこれが一番
イヤです………!!!
編
ちなみに民家ロケの
PVで…
おもむろに干してある
ブラが映ると…
ぷら～ん
グロのみ
ならず
エロいシーンが
加わるパターンも
あります
そして
18禁に
あー！
そっちの
方向も！
編
じっ…
…エロは
ガン見する
んだ
ごめんなさい
編

お付き合い
ありがとう
ございました
いやぁ…
意外でしたぁ～
洋館とか廃虚とか
いかにもV系な
ロケ地のほうが
グロいと思って
ました
編
そういうのも
あるんですけどね
いかにもV系っぽい
ところで撮ってるものは
さほどグロく
ないというか…
いかにもV系ぽい
ロケ地
洋館
廃虚
樹海
どんなにグロく
してても
ファンタジーの
世界なんですよね
バラとか背負ってるし
人が生活してる
場所に
降りてきた
ときが
要注意です
熊《くま》と同じ
ですね
編
【本日のまとめ】
V系は熊
森へ
お帰り…

久しぶりのバンギャル漫画だ～！
ひゃっほ～い
ライブレポたくさん描くぞ～！
なんていっていたのに…
父が急病で逝《い》ってしまい
第8話
帰郷！発狂！内視鏡！
地元に戻ってきました
まさか2年ぶりの里帰りが訃報《ふほう》とは…
チ～ン
チ～ン
チ～ン
チ～ン
身内の死後は山のような手続きが必要なので
各種届出
遺品整理
相続手続
実家に戻って母と一緒に整理することになりました

これから当分オカンと住むとなると
しばらく本格的にライブはいけないいなさすがに今76歳と同居しながらライブ通いはコロナのリスクがでかい…
でもそうなるとこの漫画の連載はどうする…？
最近もう見たことないバンドが増えてるし…
最新の現場の様子はもうすでにわからなくなってきてるよ…
でもそもそも今まで私の年で自由にライブいけてたことが激レアで
育児とか介護でバンギャル活動お休みしてる人もたくさんいるしな～
ていうかそもそも
これからの人生どうしよう…？
相続が終わっても奈良に住みつづけるんだっけ…？
おかんを東京に連れていくとしても76歳で環境激変させて大丈夫…!?
そしてもう4時だと!?うそやろ…
こんな夜をいくつかすごし

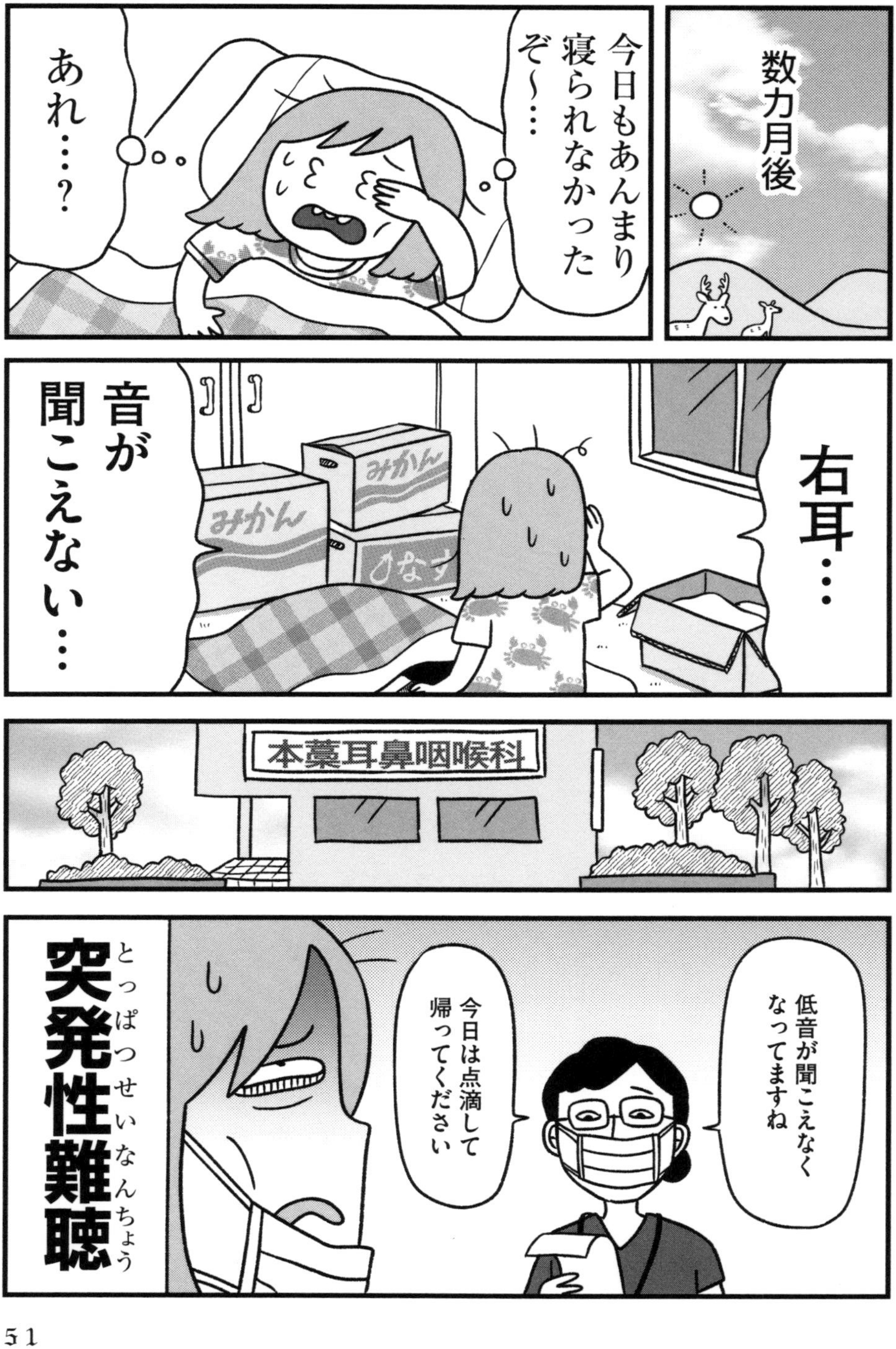
数カ月後
今日もあんまり寝られなかったぞ～…
あれ…？
右耳…
音が聞こえない…
本藁耳鼻咽喉科
低音が聞こえなくなってますね
今日は点滴して帰ってください
突発性難聴《とっぱつせいなんちょう》

難聴…
まじか…
凹《ヘコ》んでいる様子ですが
このときの私の頭は
蟹めんま脳内
その他 20%
どうしよう 早く治さないと… 80%
こ～んな感じで
20%くらいはこうで
突発性難聴といえばバンドマンがめちゃくちゃかかってるやつ!
といいつつバンドマンと同じ病《やまい》でちょっぴりうれしい 20%
高校生の時いく予定のライブがそれで中止になったりしたっけ…!!
ディルアングレイ
京さん(当時の姿)
周囲の人間も含めて
いやー かの有名な突発性難聴になっちゃいまして
こまったこまった
と突発性難聴!?
ディルの京さんとおそろいじゃないですか! ちょっとうれしそうですね!
バンドマンがよくなるやつだ!
あまり深刻に考えていませんでした
ところが!!

その後次つぎに体に不調があらわれ
ものすごく疲れやすい
耳もよくならず
きのうより聞こえない…
不眠も悪化
何週間も続く
謎《なぞ》の腹痛まで発生したので
こ…これがアラフォーの肉体なのか…!?
ライブどころか生活ができねぇ…!
ついに内視鏡精密検査に!!

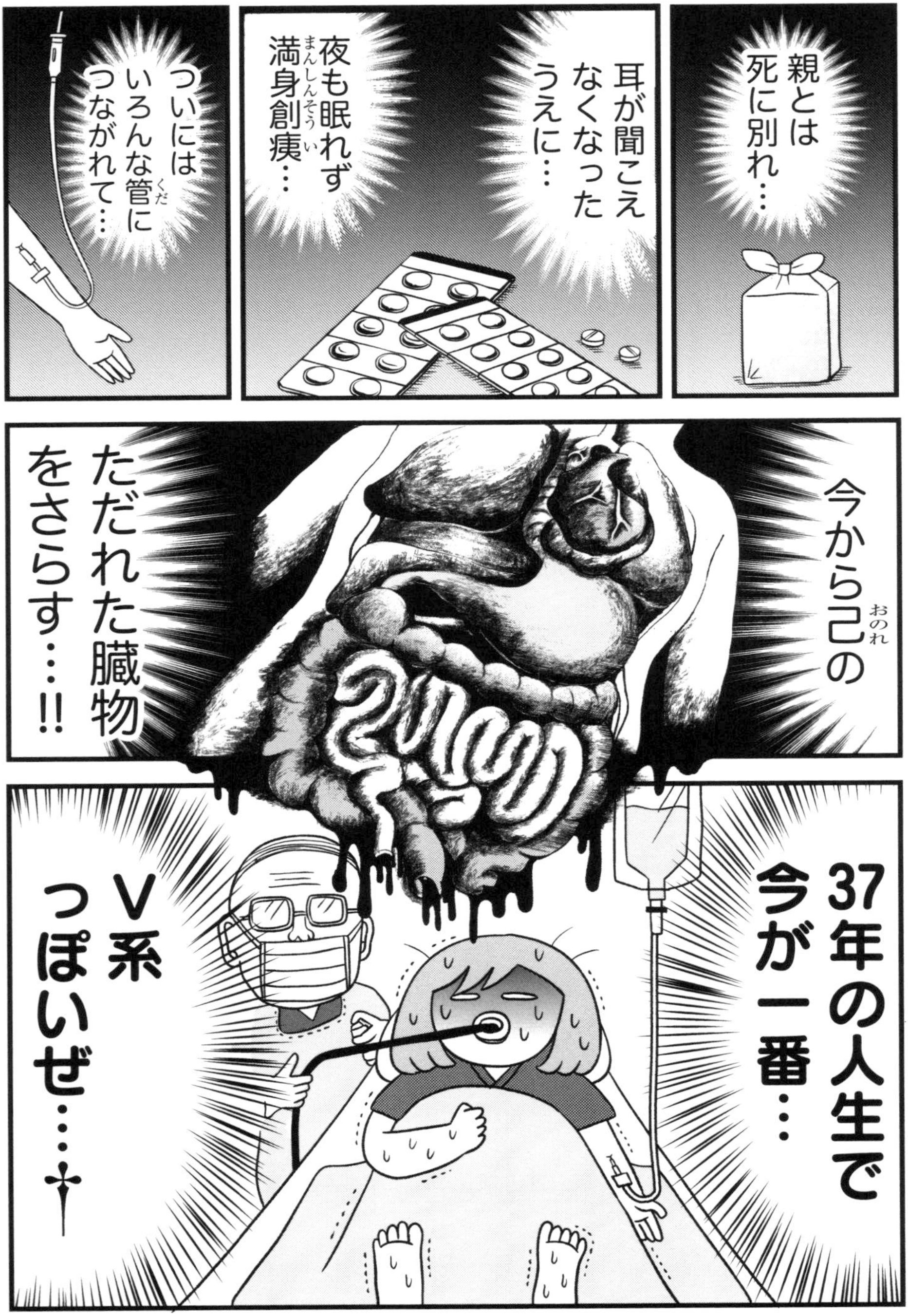

親とは死に別れ…
耳が聞こえなくなったうえに…
夜も眠れず満身創痍《まんしんそうい》…
ついにはいろんな管《くだ》につながれて…
今から己《おのれ》のただれた臓物をさらす…!!
37年の人生で今が一番…
V系っぽいぜ…✝

ただれてないですよ
すごくきれいなピンク色です
こんなツルッツルな十二指腸《じゅうにしちょう》から胃《い》は久しぶりに見ました
カラーページじゃないのが残念
え！
これ食道《しょくどう》から胃への入り口ね
今カメラが近づいてます
ほらほら！すごく締まりがいいです！
きゅっ♥
肛門《こうもん》そっくり!!
逆流性食道炎にならないよ
モザイクしてよ!!
れおいあおらりいあいんれるれろ…
(※でも今もかなり痛いんですけど…)
親御さん亡くなられたんですよね？ストレスだと思いますよ大変なときですから

ピロリ菌《きん》も
いないでしょう
ピロリがいないのは親御さんのおかげですよ今日は多めにお線香あげてください
ほとんどの場合幼少期に親からもらっちゃうものですから
父よ平和な胃をありがとう
…†
相続はまかせろ
それにしても体内はピンクなのか…ほかの粘膜系部分（察してください）は黒いのに
あそこやあそこ…
胃壁《いへき》に傷ついた形跡が全然ないですね
ポリープもなし
これまで胃痛とかなったことないんじゃないです？
なんかめちゃくちゃ気楽に生きてきたみたいないい方…!!
それなりに色々あったんだぞ
とりあえず生きております

地球上の
どこかに
危機が
おとずれると
かならず
動く漢《おとこ》…
YAHee!
JAPAN
国内ニュース
第9話
阿鼻叫喚！2016年
ビジュアルジャパンサミット
人1,000万円を寄付
営する米国非営利公益法人YOSHIKI
AJを通じて、国立国際医療研究センタ
0万円の寄付を行った。
に際し、以下のようにコメント。
本新型コロナウイルスによる死者が
人を超えてしまいました。
が広がっていると聞きました。
んなか、自分自身も含め、
ンメント業界、そしてあらゆる
しんでいます。心が痛いです。
トしなければならないのは、
治療に当たっている医療に
V系総本山
YOSHIKI《ヨシキ》
（X《エックス》 JAPAN《ジャパン》）
そんなご神体をはじめて
ナマで拝んだのは
2016年
3日間の
ライブフェスだよ
VISUAL
JAPAN SUMMIT
YOSHIKI発起のイベント
「VISUAL《ビジュアル》 JAPAN《ジャパン》
SUMMIT《サミット》」でした
（以下VJS）
これまでも似た知名度の
バンドが集まるフェスは
たまにありましたが
X JAPAN
LUNA SEA
GLAY
このへんは
よくでかいフェスに
いらっしゃる

VJSは駆け出しの若手バンドから超大御所までが同じ会場(幕張《まくはり》メッセ)で共演するという
若手インディーズ
300人くらいのライブハウスでライブをする駆け出し若手層
ここの共演は奇跡!!
大御所《レジェンド》
X・ルナシー GLAY級
夢のようなライブフェスでした
もちろん参加
中堅
ホールライブを定期的にやる層
幕張メッセ 収容キャパシティ 15,000人
ここの共演はたまに起こる
ひえ〜
つまりV系発祥の大御所層を聴いて楽器を始めた若手が……
本家と共演しまくるってことか…!?
しかも会場が幕張メッセだと…?
3日間《みっか》フル参加だ!!
わたくし臓器を売る覚悟です!
2泊3日で宿も取ろう!
財布のヒモ崩壊
当日は世代を超えて大盛り上がり&若手バンド大興奮
楽器を始めた頃の夢がかないました!
いつかワンマンでまたこのステージに…必ず立ちます!
ウウ…よくぞいってくれたぁ〜

推しが幕張メッセで演奏してる姿を見られるなんて…
※会場内フードコード
YOSHIKIさん若手も呼んでくれてありがとう…！
夜はとうとうナマのXが見られるんか楽しみだなぁ～
大御所も若手も好きなわれわれは大歓喜でした
ところが…☆
なにもかもが宇宙規模のYOSHIKIは…
ライブの時間感覚もビッグスケール…!!
大トリのX JAPAN 90分おくれでライブ開始
終電がねぇ！
ライブは死ぬほどよかった
22時すぎとうとうライブが終わると思いきや…
ポロン…

1曲が30分ある曲が始まり
今から!?
阿鼻叫喚《あびきょうかん》
ART OF LIFEという曲です
終電のため泣く泣く会場を後にする人や
ダッ
ステージとスマホの終電検索を交互に見る人々で
あふれかえる幕張メッセ!!!
ちなみに2日目《ふつか》もXは押しまくったので…
ハハハみんな〜帰らないで〜
こんな時もYOSHIKIはにこやか
終演後(終電後)千葉駅《ちばえき》で緊急会議
最終日は終演後帰るつもりだったけど
どう考えてもムリでは…?

こ…これはきっと最終日も遅くなるよねぇ…？
もう1泊ホテル取る…？
う〜んさすがに最終日は終了時間厳守では…？
あなたたちYOSHIKIを見くびってますよ
「最終日だからこそ終電までやる」ですよ…
アッ
!?
周辺の宿が…！
すごい勢いで埋まっていく！
しかも高っけえ
IN 16:00
スタンダードプラン(朝食無料)
満室
合計(税込) 9,100円
シングル 食事なし 禁煙ルーム
IN 15:00 OUT 10:00
スタンダードプラン(朝食無料)
満室
合計(税込) 10,000円
シングル 食事なし 禁煙ルーム
IN 16:00 OUT 10:00
満室
合計(税込) 10,000円
みんながYOSHIKIに備えてる!!
「YOSHIKIに備える」とは？
最終日はきっと3日間の出演バンド全員での大団円ですよ
そんな中を終電のために途中離脱できます？
冷静に考えてください
………
【祝】宿泊決定

もしもし
お母《かあ》さん？
私だけど
今ライブで
千葉なんだけど
明日もう1泊する
ことになって～
ごめん大丈夫～
トラブルとかじゃ
ないから～
はいはい
またね～
あ…
あのう…
このころ実家に住んでました
YOSHIKIのせいで
すみません…
私らは慣れっこなんですが…
※Xファンの親子
YOSHIKIに
代わって謝罪…!!!
いっ…
いいんですよ
YOSHIKI
ですからァァ!!
台風で
帰れなく
なったような
モンだから!!
神だから!!
YOSHIKIによる
受難…
それは天災

コロナ直前に離婚し
離婚届
氏名
住所
本籍
その後の人付き合いはほぼリモート
奈良に戻ってからは顔を合わせるのは母のみ…
今はちょっと寂しいケド…
これは自分を見つめなおすいい機会だよネ！
と思っていたら
見つめなおしすぎました
第10話
立て、毛柱！アラフォーバンギャル毛髪事情
毛穴が開いてる気がする…！
まぶたが下がって一重《ひとえ》になっとる！
ほうれい線こんなにあったっけ？
シミが増えたァ
歯並びも前より悪くなってないか？

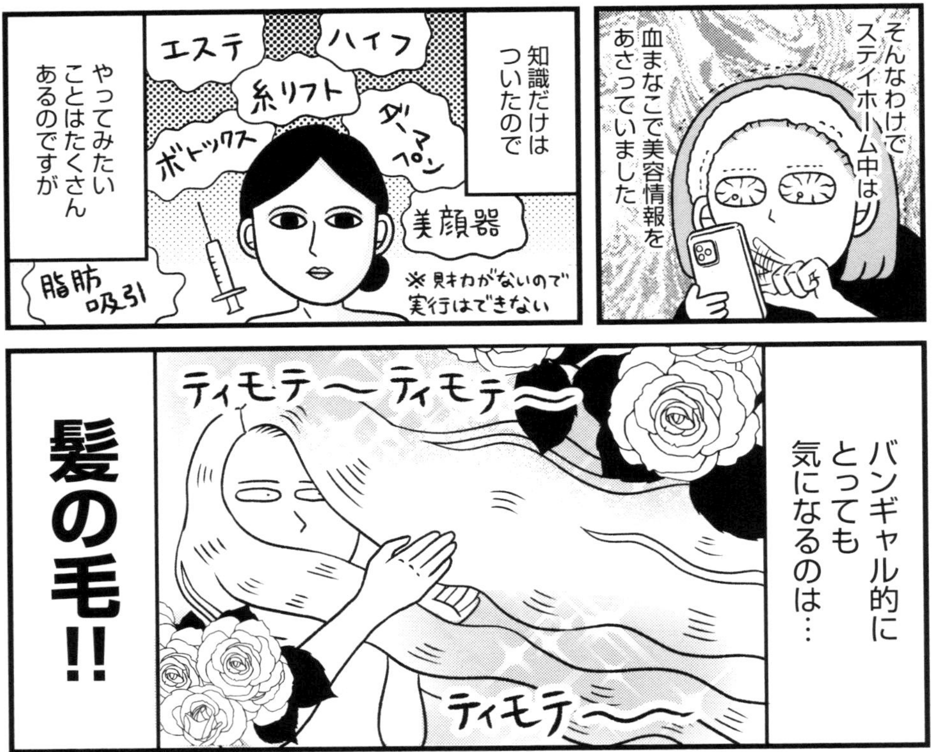
そんなわけでステイホーム中は
血まなこで美容情報をあさっていました
知識だけはついたので
エステ
ハイフ
糸リフト
ダーマペン
ボトックス
美顔器
脂肪吸引
※財力がないので実行はできない
やってみたいことはたくさんあるのですが
バンギャル的にとっても気になるのは…
ティモテ〜ティモテ〜
ティモテ〜〜
髪の毛!!

※ティモテティモテ〜…わからない人はお母さんに聞いてみよう！　それでもダメならおばあちゃんに聞いてみてね!!!!

V系はもともとロンゲが多い民族
老若男女
バンドマンもファンもロン毛だらけ
理由は
長いほうがヘアアレンジできるから
長いほうがお耽美ぽいから
立てたり巻いたり
自由自在
というのももちろんですが
長いほうがヘドバンしやすいし…
ロングヘアは遠心力がかかりやすい
「短髪でやるより華やかだよね☆」
わっさ
わっさ
わっさ
歌舞伎の連獅子ぽさ
というこだわりで伸ばす人もたくさんおります

そしてコシのある美髪ロングヘアヘドバンは
最前列にめちゃくちゃキレイなヘドバンの人いないい!?
あの人有名だよ～！
ステージよりそっち見ちゃうよねぇ♡
ときにライブでステージより注目を集め
バンギャルたちから
毛柱《けばしら》
これは茶柱
と呼ばれ
ライブハウスの縁起物としてありがたがられます
千客万来
開運
家内安全
商売繁盛
「客席にたくさんの毛柱が立つバンドは売れる！」といわれています

そんな私の髪はというと
超くせ毛
(そして剛毛)
普段はヘアアイロンと
縮毛矯正《きょうせい》でこうなっている
毛とはもう40年近いお付き合いなのに
なんだっこの寝グセは……
朝起きてびっくり
いまだに毎日振り回されているのですが
コロナが明けたら私もライブハウスに毛柱を立てたいナァ
ヘアアイロン
と一念発起
まずは自分に合うシャンプーに出会って落ち着きたい…！
病める時も
すこやかな時も
禿げるまで一緒
シャンプー
リンス
今までいろいろ使ってきたけどどれもしっくりこないんだよね…
でもいきなり本体ボトルを買うのはな〜…
シャンプー
コンディショナー
Bunk
Bunka
トリートメント
そろえると高いし….
というわけで
まずは試供品サイズを使ってみることに
ミニサイズボトル300円
Honey Shampoo
ノンシリコン
Honey
Shampoo
10mℓ
10g小袋
110円

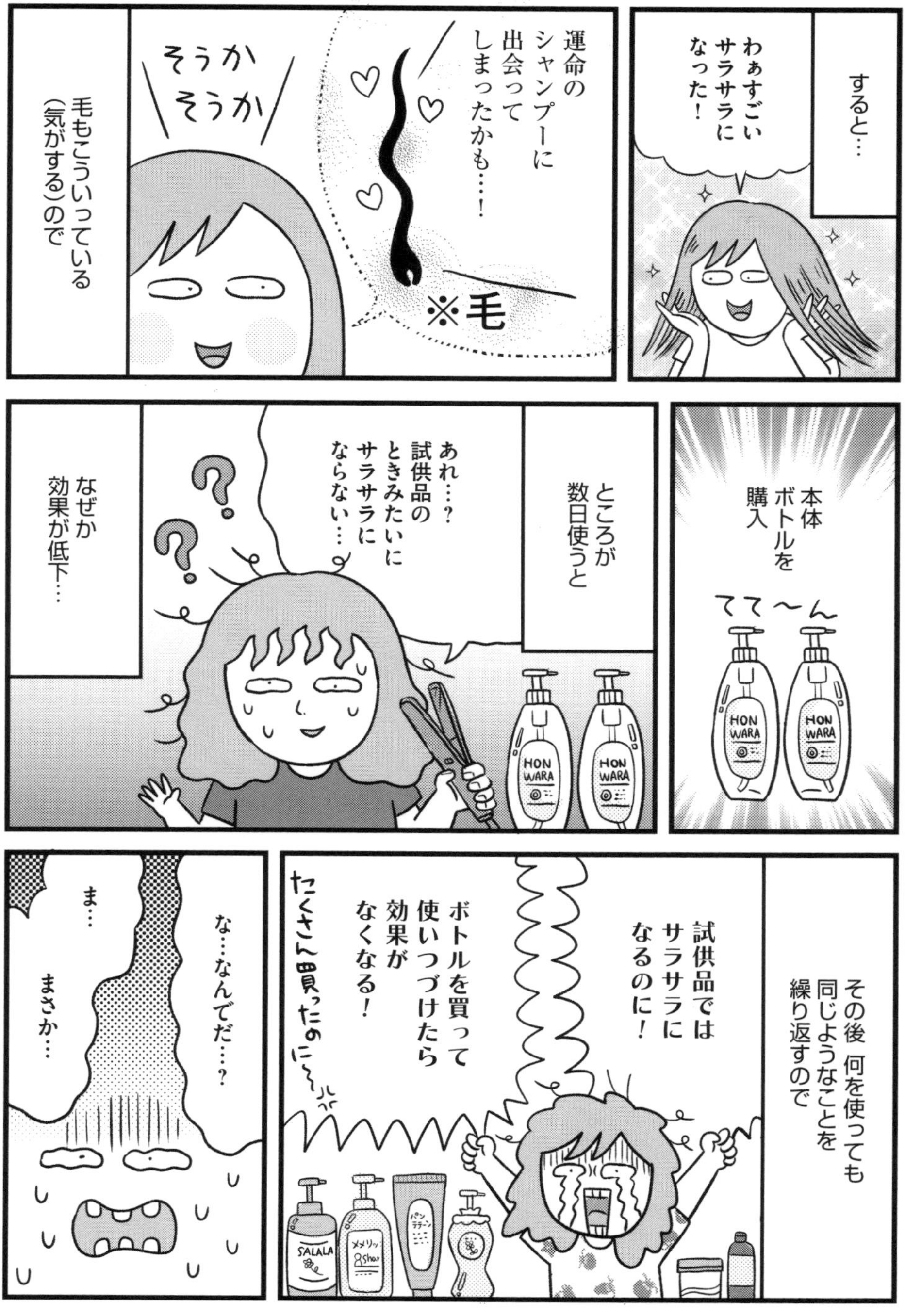
すると…
わぁすごいサラサラになった！
運命のシャンプーに出会ってしまったかも…！
※毛
そうかそうか
毛もこういっている(気がする)ので
本体ボトルを購入
てて～ん
HONWARA
HONWARA
ところが数日使うと
あれ…？試供品のときみたいにサラサラにならない…
HONWARA
HONWARA
なぜか効果が低下…
その後 何を使っても同じようなことを繰り返すので
試供品ではサラサラになるのに！
ボトルを買って使いつづけたら効果がなくなる！
たくさん買ったのに～ん
SALALA
メリッ
パンテーン
な…なんでだ…？
ま…
まさか…

出会ったときは思わせぶりにサラサラして…
こんな相性のいいシャンプーはじめてだよ これは運命だね！
じゃあボトルで買っちゃうね♡
サラ
サラ
※毛
いざこちらが本気になったら飽きていく…
えっ…
えっ…ボトル買ったの？
スッ…
オレそんなつもりはなかったんだけど…
※毛
そうか…私の毛は…
ひとつの相手《シャンプー》じゃ満足できない…
だめんずだったのか…
毛も私も
結婚に向いてないんだね
というわけで
わが家のシャンプーは
月
火
水
木
LUX
メリット
SALALA
HONWARA
金
土
日
一夫多妻制になりました
（これが一番調子いいです）

音源はいろいろな手段で買えます
通販
音楽アプリ
ライブは配信で見られる場合もあります
サイン会も
初めまして〜
リモート
なんとかやれなくもない…!
しかしそんなデジタルな時代でも
リモートでは体験できないことがあるのです
それは…!
第11話
チラシ、それは玄人の証し
若手バンドマンによる
チラシ配り!
in 路上

※マスクは省略していますが、V系バンドマン(とくにスッピン状態)はコロナ流行前からマスクをしがちなので、たまにマスクをしている人がいます。

人気バンドのライブ会場周辺では
人気バンドAのライブ会場
〇〇ホール 本館
Aのお客さんにチラシを配りにきた若手バンドマン
若手のバンドマンがチラシを配っていることがあります

チラシというのは
だいたいA4サイズ
フルカラーが一般的
片面印刷
バンドの活動宣伝用の刷りもののことで

★メンバーの写真
★直近ライブの日程
★チケット・CDの発売状況
こんな情報が載っているんですが

※バンド名は架空のものです

チラシからはこういうことも推測できますし
【財政状況】紙が極端に薄いと金欠感が否めない
【バンドの規模】チラシのクオリティーでメンバーの手作りかプロのデザインかはたまた事務所が作ったかを推測できる最近はアプリの発達で格差は少なめになった
Hon†Wara
Hon†Wara 3rd ONEMAN TOUR「Really Funny」
9月25日（日） 池袋EDG SOLD OUT
9月30日（金） 名古屋ell. SOLD OUT
10月1日（土） 大阪CLA SOLD OUT
10月2日（日） 京都ARCDEUX
10月7日（金） 奈良NEV SOLD OU
10月9日（日） 広島BACK BEAT
NEW SINGLE 8.10 RELEASE
TOUR FINALE「Really Funny Story...」
10月15日（土） 新宿BLAZE
OPEN.16:30／SART17:00
【チケット】先行販売Aチケット：8月5日池袋ブラックホールライブ終演後物販にて販売。Bチケット：イープラス2022年8月13日(土)10時より販売開始。※バンド予約なし
【実物との差】写真の加工修正が極端に激しい場合実物とぜんぜんちがう場合があるので注意が必要
【集客状況】ツアー会場のキャパや千秋楽の会場の大きさで推測できる
【だいたいの曲調】ロゴの雰囲気やチラシのデザインは曲の雰囲気と似るチラシが黒々としたバンドは曲調もだいたい暗い
【スタッフなどの有無】スタッフが極端に足りていないと誤字脱字が多くなる
【主な活動地域】ツアー日程で推測可能00年代初頭まではメンバーの連絡先として自宅住所が記載されている場合もあった

たまに珍品が発見されると
メンバーの似顔絵うま〜い
ギターが描いてんだって
画伯系
7月14日 New Single
Dr. TAKESHI
Ba. Kaede
Vo. Masa
7月16日(土) ワンマンライブ
高田馬場CLUB PH
げっ！コンビニのコピーやん！
字きったね〜
これはこれでレア感あっていいよね〜
黒盤からの告知!!
10月10日(月)祝日
新宿ホリデー
ワンマンやるよ!!
チェキ予約はTwitterのDMまで！
@kanimen
終演後さつえい会アリ
バンギャルの間で話題になります
書きなぐり系
チラシ配りをがんばると称賛されますが…
すごーいフルメークフル衣装でやってる！
気合入ってんなァ
今度ライブ見ます〜♥
寒そう〜♥カゼひかないでネ♥
がんばりすぎると小言をいわれる
あっ…アイツ今日もきてる
あのバンドどこの会場にも絶対いるな！
ヒマなんかな
なかなかせつない宣伝活動です
私は昔からチラシが大好物
いちまいください
ありがとうございま〜す
血まなこでもらいにいきます
なぜかというと！

まず前提としてバンギャルはこういった人種にわかれていまして
チケ発！遠征！チケ発！遠征！チケ発！
超現場型
財力・交通の便・家庭環境などの条件が奇跡的にそろいライブにいきまくるバンギャル
いけるときはいきま～す♥
現場型
財力と予定の許容範囲内でそこそこライブに顔を出すバンギャル
学生さん多め
金欠なので…親が許してくれないので…
在宅型
ライブなどの現場活動には参加しない（できない）バンギャル
販売しているものはどの人種も買えるのですが
CD DVDなどは発売後すぐじゃなくても後追いで買える
バンドマンが手配りするチラシだけは
あの日あの時あの場所で君にチラシをもらわなかったら～
配られた瞬間現場にいないと手に入らないもの！
つまりチラシは
ただの情報源ではなく
現場にいく者のみが手に入れられる…
ひとつうえの
玄人《くろうと》の証し…！
バンギャル！
Hon†Wara

なので中高生時代の私は
地方在住
超在宅型
(金もなく、親もきびしい)
ごくたま〜〜〜にライブにいけると
大阪城ホール
わ〜〜い
会場を何周もしてチラシをもらいまくり
ぐるん
ぐるん
チラシください
チラシください
チラシもっとください
周囲にもアピールし
あっこのバンド知ってる！
チラシ配りで見てから注目してるんだぁ〜
ドヤ顔
ナマで見たことあるんだ〜
少ないチラシのコレクションを
たくさん集まったぞ〜！誰にもあげないもんね！
夜な夜な眺めていました
クリアファイル
そんなある日
東京のB子さんから手紙だ！
ファン同士の文通

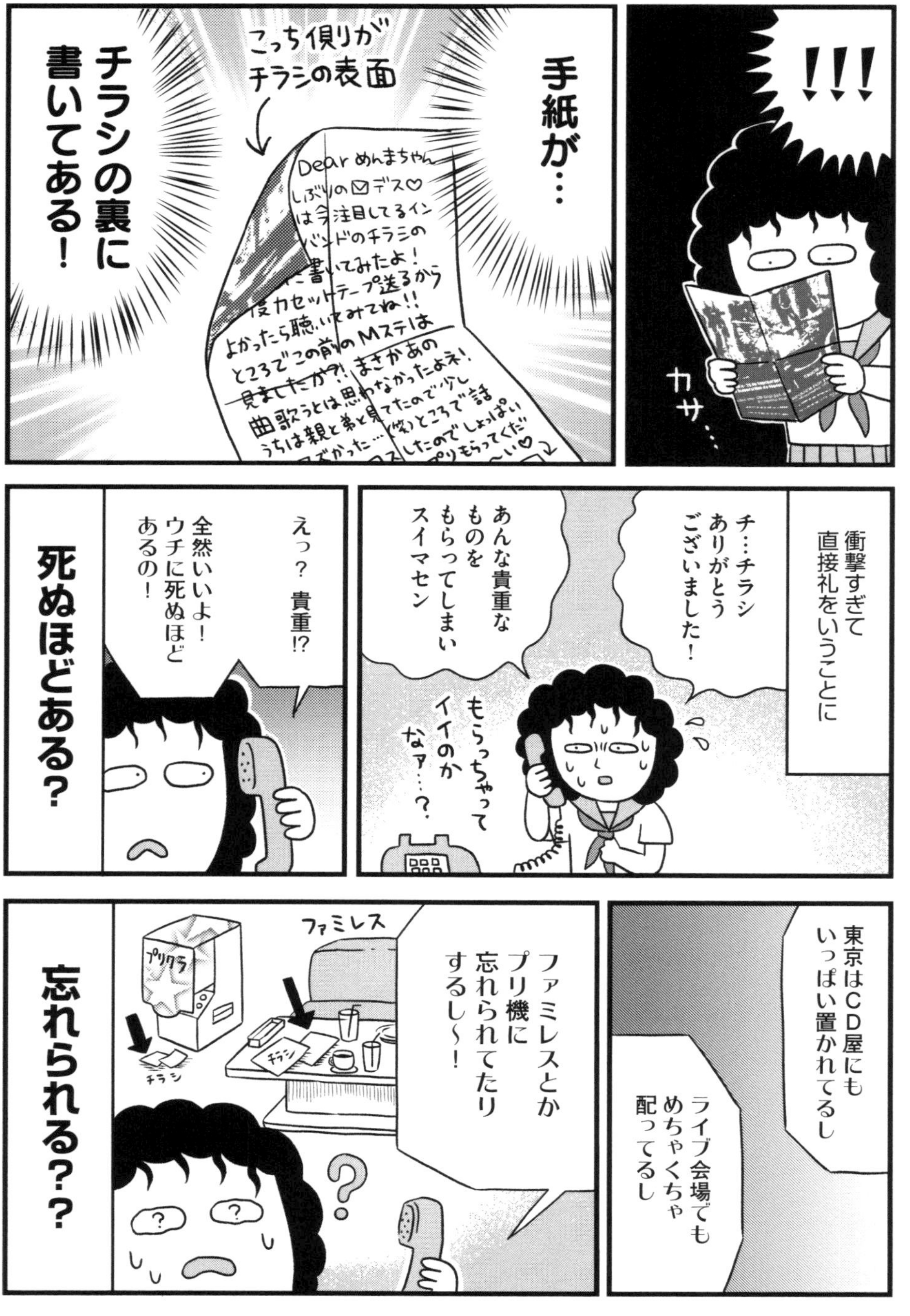
!!!
カサ…
手紙が…
こっち側りがチラシの表面
Dear めんまちゃん
よかったら聴いてみてね!!
チラシの裏に書いてある！
衝撃すぎて直接礼をいうことに
チ…チラシありがとうございました！
あんな貴重なものをもらってしまいスイマセン
もらっちゃってイイのかなァ…？
えっ？ 貴重!?
全然いいよ！ウチに死ぬほどあるの！
死ぬほどある？
東京はCD屋にもいっぱい置かれてるし
ライブ会場でもめちゃくちゃ配ってるし
ファミレス
プリクラ
チラシ
チラシ
ファミレスとかプリ機に忘れられてたりするし〜！
忘れられる？？

たくさんありすぎて お母さんが折って 箱にしてるよ！
主婦の知恵
折って箱にする？？
あのミカンの皮とか捨てるやつで！
撃沈・・・
・・・・・・・・
こんな貴重なものが・・・？
そんなバカな・・・
その時は信じられませんでしたが
上京後
CD屋
本当に置いてある！
ご自由にお取り
チラシ
ライブ会場前
本当にめっちゃ配ってる！
大阪の比じゃねえ！！

ライブハウスの近くのファミレス
ランチメニュー
無限回廊
メニュー置き場に刺さってるー！
※持ち帰りましょう！
ちなみに…†
チラシが貴重な方も
見慣れてしまった方も
どんなマイナーなバンドのものも
2012年チラシ
2009年チラシ
2004年チラシ類
ぜ〜んぶ捨てずに取っておいて
10年後20年後に見るととっても楽しいのでおすすめで〜す♥
ここまさか紅白《こうはく》いくとは思わなかったなぁ〜
私は思ってたよ！だからチラシ取っておいたんだからね！
この解散ライブいったわ〜悲しかったな〜
今年復活するじゃんおめでとう！

日本でもハロウィーンが根づいた2018年10月
次のライブ仮装していくので買い出しいきます～
人生初コスプレ
バンギャルの友人(20代)
私 昔V系バンドのコスプレしてたんだ！
選ぶの付き合うよ！
先輩ヅラをして同行しました
毛染め剤もいろんな種類あるし
街もハデ髪の子増えたよね～！
そーですね～
えっすごーいツートンのウイッグいっぱい！
ウイッグ
V系バンドマンなりきり用じゃん！
第12話
妬み嫉みのバンギャルハロウィーン
たぶんそれ
某有名ユーチューバーのなりきり用です…
世の中的には…
ヒ●ルとか…
V系じゃない
なんですって…!?

こんなに世の中がV系っぽくなったのに
このV系っぽさはV系由来じゃないだと…？
はい…どっちかというとユーチューバーとかK－POPとか
最近そういうの多くない？
病《や》みカワ系とか
ぴえん系とか
ちょっと前までああいう感じの子はみんなバンギャルだったじゃん！
後発の新興ジャンルに…
市民権を奪われた…！
それは完全に逆恨みですけど街中のバンギャルっぽい子がバンギャルじゃないのはせつないですね
衣装はドンキで買います
ナース
今のドンキはなんでも売ってんなァ
いいなぁ〜
あとは厚底ブーツ買います〜
えっ安《やす》ッ！
ウチらの頃はめちゃ高かったよ
¥3,500
あ！あと血のり買わなきゃ
あ！舞台用のリアルなやつ通販にあるよ

いやいやそんな本格的なのじゃなくていいんですよ
1日しか使わんし
そうだね絵の具とか食紅《しょくべに》でも作れるしね
一応調べてきたんですけど
ダイソーにあるんです
DAIZO
カスタム血のり Fake Blood
Fake Blood
食べものではありません
¥100
ダイソーに
血のり!?
DAIZO
カスタム血のり
食べものではありません

20年前私がコスプレしてたころ…
ちょっと黒の絵の具も混ぜよ～
おお～リアルだ～
家から片栗粉《かたくりこ》持ってきたよ！
試行錯誤して手作りした血のりが…!!
有事のときは…
エッ!!
ゲッ！血のり忘れた！
みんなでちびちび献血(?)し合った
これ食紅だけど私今日はロリータだからこれ全部白衣組で使っていいよ
これ使ってイイよ
あげるよ～
貴重な血のりが…!!!!
ダイソーに血のりがあるのがそんなにすごいんですか？
100均は市民権の象徴だよ
?
めんまさん血苦手なのに血のりつけてたんですか？
当時はけっこうV系必須アイテムだったので…
親にめちゃくちゃおこられたけど

ていうか100均のハロウィーングッズグロすぎない!?
世の中こんなにグロに寛容だったけ!?
傷シール
リアルすぎかぶりもの
リアルすぎる虫
飲食店のメニューもグロくなってるし!
切断指(ウィンナー)カレー↓
目玉ジュース
渋谷センター街のみなさん
街も血だらけやないか!!!
かわいい~写真とろ~♥♥
きゃぴ
きゃぴ
かわいくないよ!! 子どもが泣くよ!!
自覚しろ!!
わ~ん
昔のウチらは周りの目を気にしてけっこうコソコソしてたのに…!
ライブ会場まではかくしておこう…
20年前
街中で堂々と!!
なんなんだこの…
市民権!!

…さっきは市民権を奪われたと怒ってたのに
こんどは市民権ができたことに怒ってるんですか？
正論で詰めないでもらえますかッ！
いい時代になったと思いましょ
それはわかってるよ！
でも今の若い子はコス用品も安く買えるし！
市民権まであるんだよ！
私だって手軽にハデなかっこうして…
みんなに愛《め》でられたかった！
この感情はなに？
……
妬《ねた》みです
中年のめんどくさいやつ
とても悲しかったので

検索
YAPOO! JAPAN 知恵袋
検索
妬み 解消方法
妬みの感情は自分はやりたくてもできないことをやれている人に対して生まれます
しかし「自分はやりたくてもできない」というのは思い込みかもしれません
思いきってやってみましょう
私だって手軽にハデなかっこうして…
みんなに愛でられたかった!
数日後

仮装しました
※実際の写真
え…
なにそれ…？
ファミポート
ファミポートとは…
ライブや高速バスのチケット発券などに
使うファミリーマートの発券機
なぜそれに…？
Ｖ系じゃないよ…
バンギャルはもちろんいろんなオタクになじみがあるものだから
愛でてもらえると思って
これ…素材は…？
段ボールとか絵の具です
ハロウィーンやＶ系というより欽《きん》ちゃんの仮装大賞っすね
材料100均でぜんぶそろって最高だった！
いい時代になったネ！
気が済みました

中学生のころ
がさごそ
ぱさっ
V系のCDを買ったら
なんだこれ…？
第13話
思春期バンギャル、めくるめく性のめざめ
購入特典
Safer Sex?
コンドームがついてきました

当時はネットが普及していないせいか
兄
年が離れた兄がいると最強
エロ本
中高生のエロ知識にはすごく個人差があり
ひとりっこ
私はその中でもだいぶ情報が遅い環境
なのでV系に少しでもエロ要素があると
ピンクスパイダー
おっぱい！
ハァハァ
SEX MACHINGUNS
みかんのうた
バンド名にすら大コーフン
かじりついていました
今でこそV系のエロ表現はいろいろありますが
V系でよく見るエロい演出
蜜
タイトルにこの字が入っている曲は歌詞がどエロい
つぶした果物に練乳をかけまくるPVの演出
手でねちょねちょする
どストレートにPVやライブの演出でダッチワイフ登場
90年代のV系エロは
おっぱい出てるけど見るからに痛ててなXのアルバムジャケット
やたらとズッポンポンで自傷する美女(PVによくいる)
堕胎をほうふつとさせる曲も多い
痛々しい描写がセットになっていて

エロいと有名な
マリスミゼルのPVも
MALICE MIZER
当時ボーカルだった
GACKT《ガクト》氏が
わりとしっかり
濡れ場っていたのですが
ウホ
※ILLUMINATI《イルミナティ》
という曲です
なぜかお相手が
大流血していたり
なぜ?
ディルアン
グレイのPVに
AV女優が
出るだと!?
こんな
大イベントが
発生しても
自分の
部屋に
テレビ無いのに
どこで見ろと
やっぱり血まみれ
だったりするので
うわああああああ
乳も血も
出しまくり

エロに関しては
見たり聞いたりするだけでいいかな…
歌詞カード
ニンシンしたら怖いし
そもそも相手いないし…
こんなふうに思っていました
ところが一方学校では
キ〜ンコ〜ンカ〜ン
エッチな読み物が大流行しており
egg
読者モデル
水着100着
夏の渋谷GO! GO!
B・GIRL
エルティーン
109 winter 売れすじ
勝ち組♥バレンタイン
流行メイク
モテるコーデ♡
みんなの恋バナ♡
少女コミック
3・4
新條まゆ
なエロス
女子向けのHなまんがのさきがけ
白黒の読みもの系ページ、読者投稿がティーンのHな体験談だらけ
田舎《いなか》でもマセた子は済ませた子もいて
年上のカレシとしちゃった〜
痛いのは最初だけだよ☆
私もセンパイとしちゃった〜
私の好奇心も
見たい! 聞きたい!
致したい!!
実践を見据《みす》えたものになりました

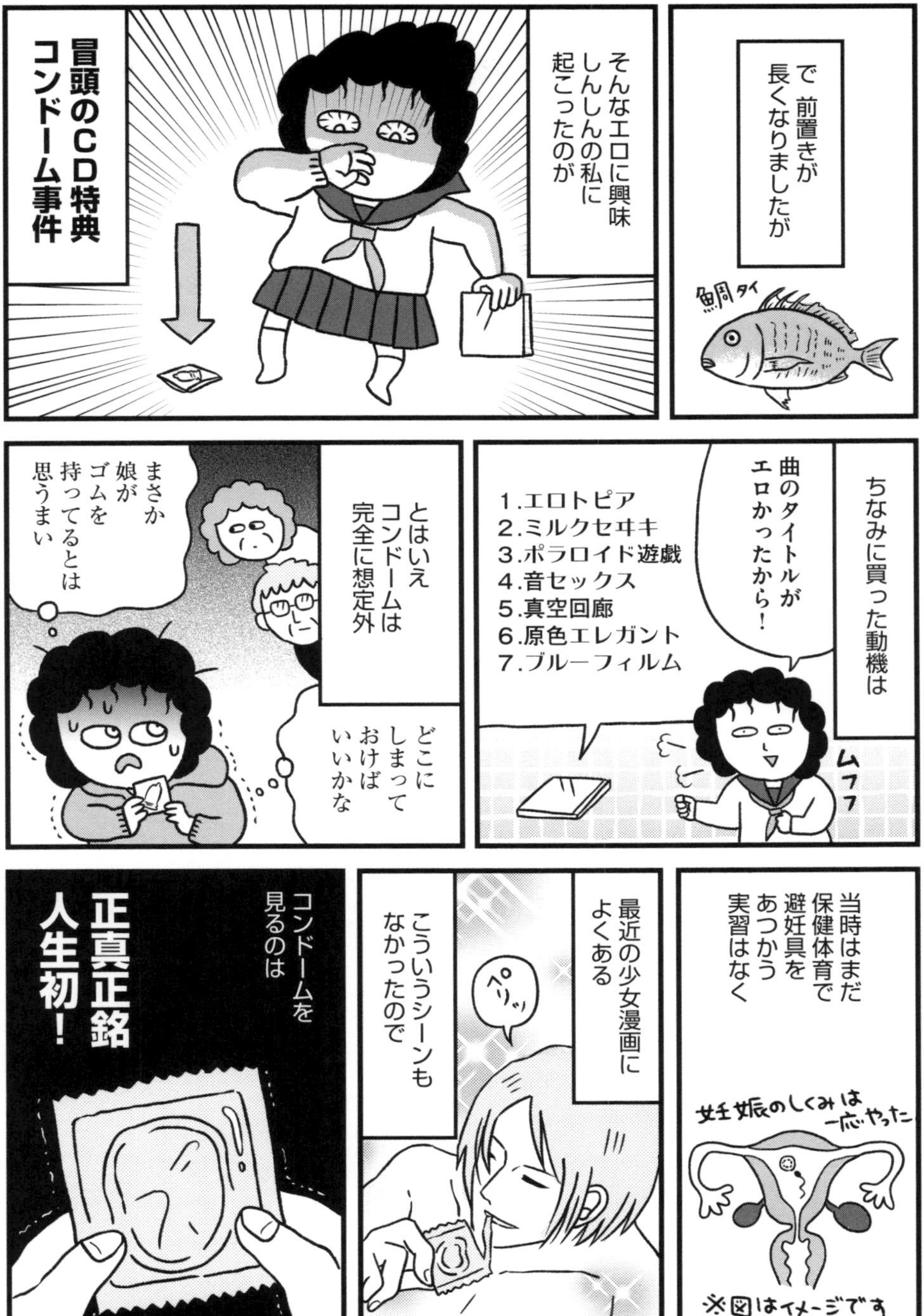

で 前置きが
長くなりましたが
鯛 タイ
そんなエロに興味
しんしんの私に
起こったのが
冒頭のCD特典
コンドーム事件
ちなみに買った動機は
曲のタイトルが
エロかったから！
1.エロトピア
2.ミルクセヰキ
3.ポラロイド遊戯
4.音セックス
5.真空回廊
6.原色エレガント
7.ブルーフィルム
ムフフ
とはいえ
コンドームは
完全に想定外
まさか
娘が
ゴムを
持ってるとは
思うまい
どこに
しまって
おけば
いいかな
当時はまだ
保健体育で
避妊具を
あつかう
実習はなく
妊娠のしくみは一応やった
※図はイメージです
最近の少女漫画に
よくある
ペリッ
こういうシーンも
なかったので
コンドームを
見るのは
正真正銘
人生初！

当然界隈は祭りに
コンドームだと!?
CDのおまけ
でコンドーム
ついてました
○○ちゃんも
CD屋で見つ
ほどなくして招集がかけられ
おじゃましまーす
今日はお泊まり会ね～
?
開封の儀
オトンは寝た！オカンは風呂に入ってます！決行しよう！
とりあえず液状のりにかぶせるね！
ごくり・・・・

え…なんか
スッカスカ
なんだが…？
えっ
私のエイト
フォーも
やってみてよ！
まだちょっと
ユルいよ！
8x4
ケープヘア
スプレー
（スーパーハード）
やっとぴったり
なんだが…!!
え…
そんな…
………
ちんこって…
こんなに
デカいの…？
※ちがいます
•無香料
スーパーハード

こんなの入るわけ なくない？
ましてや気持ち いいわけないだろ
あはん
うふん
エロマンガの あれはウソか
だからPVで 血だらけだった のか？
※ちがいます
しばらく 処《しょ》女《じょ》でいいや…
変な方向ですが うら若き少女の 貞操《ていそう》は守られました
ちなみに
なんか エロそう！
こんなひどい理由で 買ったCDは
22年たった今も めちゃくちゃ聴いてる
何がきっかけに なるかは わからんもんだ
cali《カリ》≠gari《ガリ》 『ブルーフィルム』
超名盤です

好きなバンドの
武道館ライブが
決定したので
武道館
あちこちに
声をかけ
行きましょ〜
竹内佐千子先生
行く行く〜
M田もさそうわ
チケットも
買ったのですが…
電子チケット
15:25
電子チケット
2022年 17:30開場 18:30開演
11/15(火)
日本武道館(東京都)
〈指定席〉
プレオーダー
チケットをご用意いたしました。
ダウンロード開始日
11月14日
※M田さんは竹内先生の編集担当さんです
いけなく
なりました
第14話
どうしてもライブにいけない
瞬間〜とき〜がある

基本ライブは全部
あきらめてたけど
この日だけは
なんとしてでもいく
つもりだったのに…
まさか相続の
最終手続き期間と
ガチでかぶるなんて…
信じられない…
11月
半年前から
楽しみにして
たのに…
ライブに
いきたくても
いけないって
いう人はさ～
しょせん
その程度の
ファン
なんだよね～
カネと時間はつくるものだよ
気合いがあれば
どーにかなる
私ら這ってでも
行くもんね～!!
推し活の現場には
こう説《と》く人が必ずいますが
人生には
どうあがいても
ライブに
いけない時が
あるものです
こう考えていると
あとで自分の首を
しめかねないよ！
ほどほどにネ！
誰かにチケット
譲りたいけど
電子なんだよ
な～
これ譲渡
できるかな～？
できなさそう
だなあ
電子チケット
電子チケットは
このへんのことが難しい
ツラくて
曲聴けない…
ぐすん
こうなったのが
ライブの1週間前でしたが

ライブ3日前
なんかわりと
平気かも☆
あきらめがついて
悟りを開く
中学の頃
だったら
発狂してたけど
さすがに私も
もうオトナ！
落ち着いた
わ～☆
ははは
ははば
ほんと？
悪いことばかりじゃ
ないよ～☆
往復の交通費
浮くしさ～
グッズ代も
浮くし～
宿代も
かからないし～
仕事も
1日分
進む！
みんな楽しんで
きて～！
当日会場から
レポしてね！
え～
ツラくなら
ない？
大丈夫？
平気平気！
待ってるよ～！
実況よろしく～
ところが
ライブ前日

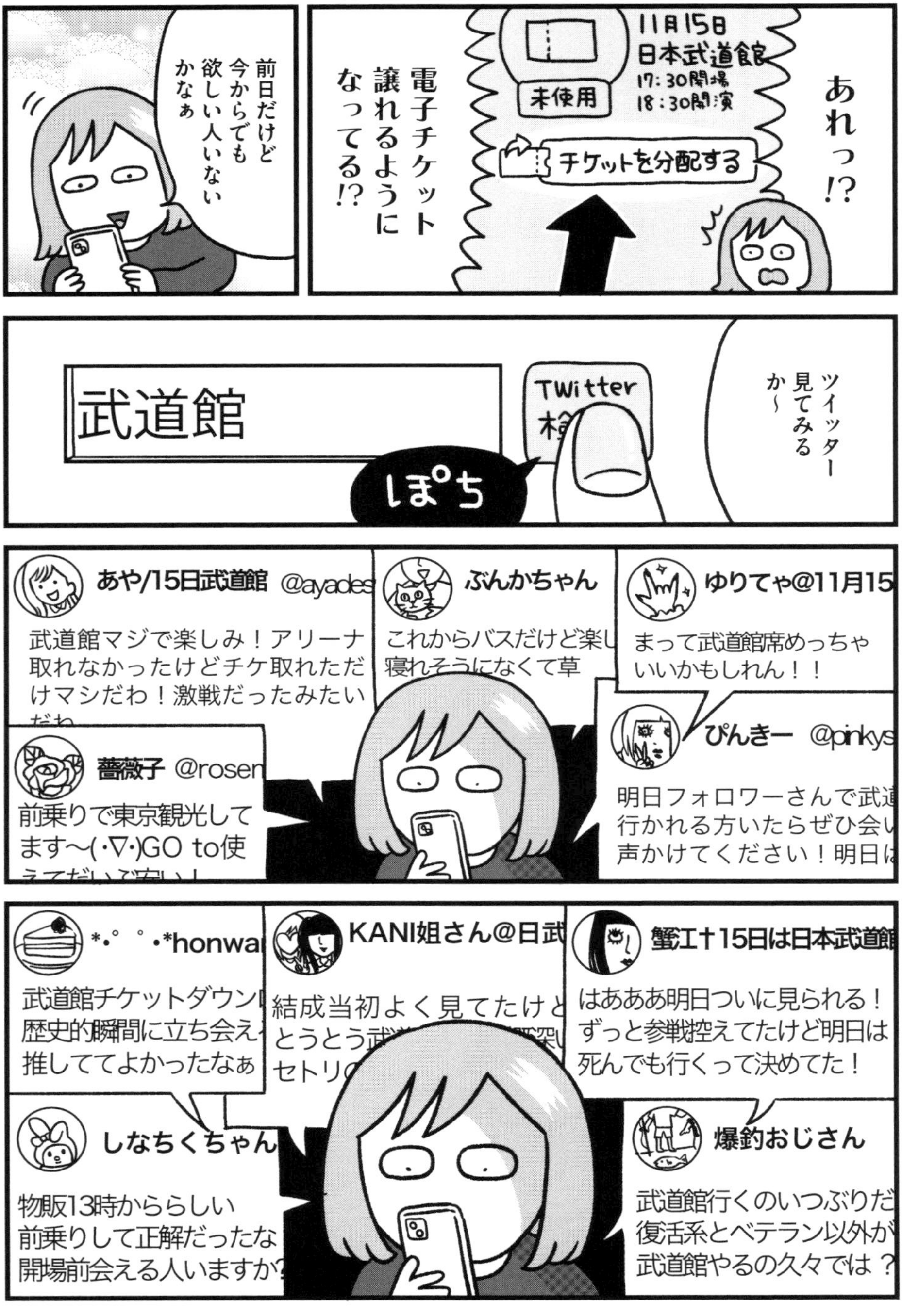
あれっ!?
11月15日
日本武道館
17:30開場
18:30開演
未使用
チケットを分配する
電子チケット譲れるようになってる!?
前日だけど今からでも欲しい人いないかなぁ
ツイッター見てみるか～
Twitter
検
武道館
ぽち
ゆりてゃ@11月15
まって武道館席めっちゃいいかもしれん!!
ぶんかちゃん
これからバスだけど楽し
寝れそうになくて草
あや/15日武道館 @ayades
武道館マジで楽しみ!アリーナ取れなかったけどチケ取れただけマシだわ!激戦だったみたい
ぴんきー @pinkys
明日フォロワーさんで武道
行かれる方いたらぜひ会い
声かけてください!明日は
薔薇子 @rosen
前乗りで東京観光してます～(･∇･)GO to使
蟹江†15日は日本武道館
はあああ明日ついに見られる!
ずっと参戦控えてたけど明日は死んでも行くって決めてた!
KANI姐さん@日武
結成当初よく見てたけど
とうとう武
セトリの
*･°゜･*honwa
武道館チケットダウン
歴史的瞬間に立ち会え
推しててよかったなぁ
爆釣おじさん
武道館行くのいつぶりだ
復活系とベテラン以外が
武道館やるの久々では?
しなちくちゃん
物販13時かららしい
前乗りして正解だったな
開場前会える人いますか

あ…あれれ〜…？
またツラくなってきたゾ〜！
ど…どうしよう…
さっきまでのおだやかな気持ちはいずこへ…？
譲り先探したいけど…
たのしみたのしみ
明日武道館だ
これ以上ツイッター見たら発狂間違いなし！
キラキラ楽しそうなタイムラインが…
ゔらやまじい…!!
翌朝

起床とともに精神が崩壊
なぜ私は奈良で目覚めているのかしら…?
本当なら今頃夜行バスで東京にいたはず…
昼
えへへへ今新幹線に飛び乗れば間に合っちゃうかも〜〜〜…?
な〜んちゃって☆そんなことしないよォ〜☆えへへえへへ
夕方
今日はツイッターを見ないようにせねば…
検索は自殺行為だ
ところが
ピコン!!
今から開場だよ!
ピコン!!
撮影可だったところ送るね!
ピコン!!
グッズ列並んでるよ!
ピコン!!
さっきメンバー出てきたよ
ギャーリアルタイム報告やめてくれーー!
今のわしは他人のしあわせをよろこべへんのやぞ
自業自得!
ギャッ!!そういえば送ってくれっていったの私やないかー!
レポよろしく
さらに
ピコン!!
ピコン!!
ピコン!!
ひぃぃ今度はなんだよォ
通知が止まらん

なにこれ!?
譲りそこねた電子チケットの通知か!
係員にこの画面を提示してください
ピコン!!
ピコン!!
まもなく開演時間です
わ〜〜〜ん やめてー! やめてー!
入場ゲートから入場してください
ピコン!!
できるもんならとっくにやっとるわ———!
荒れてるねぇ
中学の頃となんも変わらんねぇ
ごはんできたよ
※母→
死んじゃったお父《とう》さんはライブどころかもうどこにもいけないんよ
あんたもガマンしな
ハァ
ハァ
ハァ
いやむしろ死んだらライブはいき放題やろ…!!
千の風とやらになってよォ

終演後
そういえば竹内《たけうち》さんとM田さんから連絡きてないな…
ふたりで行ったはずだが…
ツラくなったの察してくれたのかなぁ…
ほろり…
たすかりました…
盛大に忘れていたそうです
でも超ありがとう
ちなみに
悪いことばかりじゃないよ〜☆
往復の交通費浮くしさ〜
グッズ代も浮くし〜
宿代もかからないし〜
仕事も1日分進む!
これについてですが
ライブがまんしたんだから服くらい買っても許されるだろ!
ライブがまんしたんだからラーメンに餃子《ギョーザ》とごはん付けちゃう!
ライブがまんしたんだから化粧品買う権利がある!
ライブがまんしたんだから労働なんかしてられるか!
ライブがまんしたんだからなんのこれしき!
私はライブをがまんしたんだぞ!
お財布はいったとき以上に大ダメージを受けました
(体は肥え 仕事は進むどころか遅れました)

2022年・年末
は〜無事に相続終わった〜
よっしゃぁ！これで心おきなくライブにいける!!
じゃあ また元旦《がんたん》にね〜
はいはい じゃあ いってきます〜
大みそかのライブのため上京
あ
!!
⚠段差
またいけなくなりました
本藁整形外科
骨は折れてませんけど しばらく動かないようにネ
第15話
アラフォーバンギャル涙の年越しwith母(76歳)

というわけで大みそかは母とふたりで
紅白歌合戦《こうはくうたがっせん》を見ることに
NHK 紅白歌合戦 第73回
とうとう母の足腰にガタが…
これがきっかけで弱らないといいんだが…
高齢者魔のコース
ケガ ← 寝たきり ← 認知症
またライブにいけなくなったのはつらいけど…
またチケットがむだに……
最近は他ジャンルにハマってる子も多いし…
会場いっても友達きてないいんだよな~
若手俳優 K-POP ジャニーズとかけもち組 多い…
まわりのバンギャル友達も
大みそかの過ごし方が変わったな…
20:02
まりな
去年の年越しはライブだったけど今年は夫の実家です(´-ω-`)
Nobuko
本命盤解散したから5年ぶりに家でテレビ見てるわー
めんま
去年の年越しはエリア閉店ライブだったのに今年はおかん大腿骨負傷でワンオペ家事からの紅白鑑賞になりました！
うたみ@大晦日カウコン
ジャニオタと化したので人生初の
私も奈良に戻ってきてるし

80年代からいる人はわかるけど
歳とったもんや
流行りの歌がまったくわからんわ〜
紅白タイムテーブル
ただお母さんあんたのせいでV系はけっこう詳しいんだよ…!
ほほうずいぶんな自信よのう
あっ!YOSHIKIさん出てきたよ
ほんとだ!
今回は工藤静香《くどうしずか》とも共演か…フフフ…
詳しいってそういうやつかい!!
90年代ワイドショーネタ!
※わからない人はアラフォー以上の人に聞いてみてね!
THE《ザ》 LAST《ラスト》 ROCKSTARS《ロックスターズ》だ!
(※以下TLRS)
そういえば紅白で初演奏だった〜〜〜!
THE LAST ROCKSTARS(ザ・ラスト・ロックスターズ)
YOSHIKI・HYDE《ハイド》・SUGIZO《スギゾー》・MIYAVI《ミヤビ》が結成したアベンジャーズバンド

あ!!!
SUGIZOさんが!!
太ももを出してる!!
こりゃてぇへんだ！
国営放送で太ももが！
あっ！散り散りになったバンギャル友達も
20:37
まりな
夫の実家だけどSUGIZOが太ももを出したと聞いて飛んできました
Nobuko
大晦日に杉様の太ももを拝めるなんて縁起が良すぎる！
ふぢわら
SUGIZOさんの太もものおかげで免疫力が上がりました
うたみ@大晦日カウコン
俺たちの受信料がSUGIZOさんのふとももになった！！！！
みんな太ももの話をしている！
SUGIZOさんの太ももが！
みんなの心をひとつにした!!
Twitterトレンド
SUGIZO太もも
ありがてぇありがてぇ正座して見るよ
豪華なメンバーやねぇ～
ほぉ～～

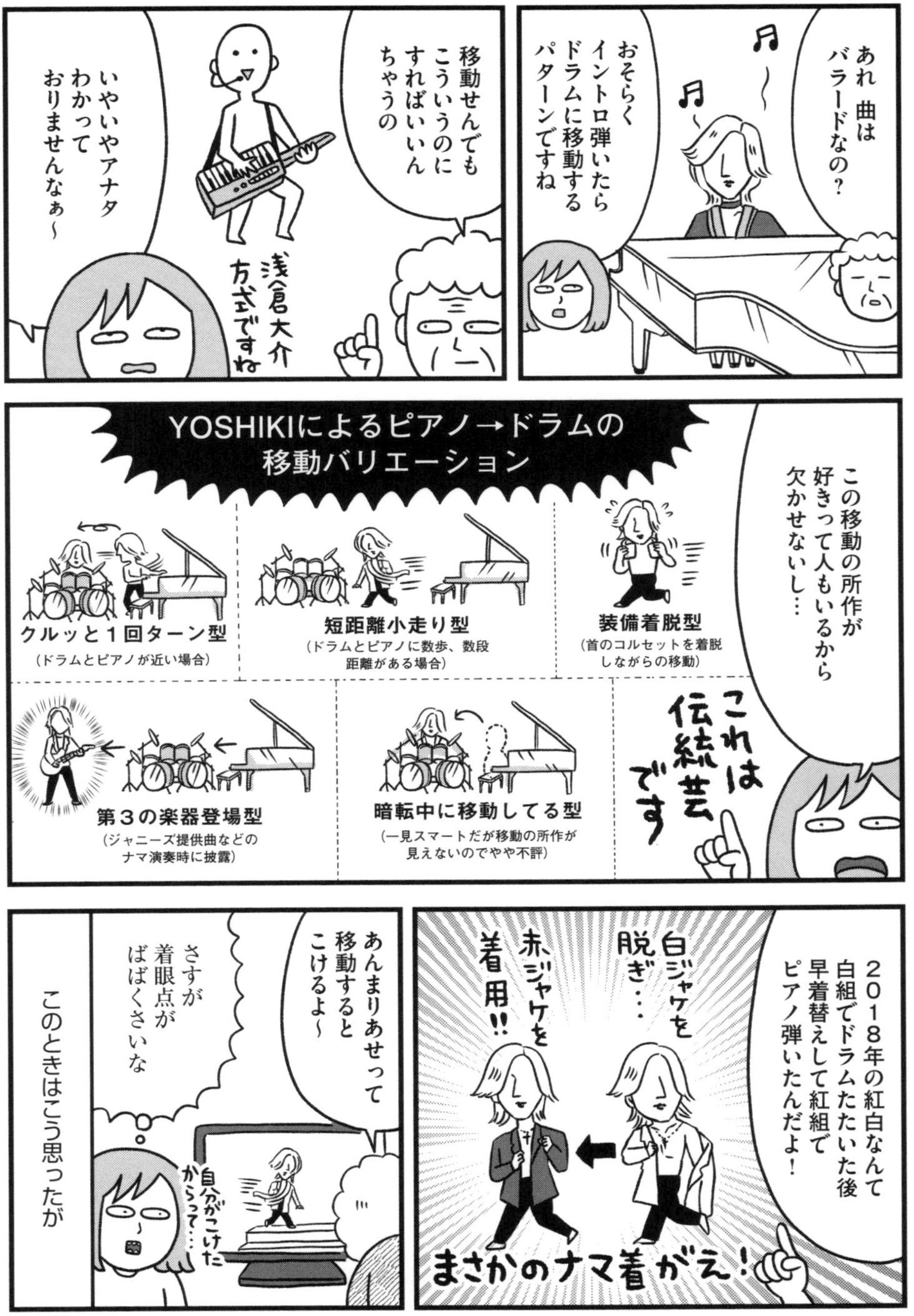

あれ 曲はバラードなの？
おそらくイントロ弾いたらドラムに移動するパターンですね
移動せんでもこういうのにすればいいんちゃうの
浅倉大介方式ですね
いやいやアナタわかっておりませんなぁ〜
この移動の所作が好きって人もいるから欠かせないし…
これは伝統芸です
YOSHIKIによるピアノ→ドラムの移動バリエーション
クルッと1回ターン型
（ドラムとピアノが近い場合）
短距離小走り型
（ドラムとピアノに数歩、数段距離がある場合）
装備着脱型
（首のコルセットを着脱しながらの移動）
第3の楽器登場型
（ジャニーズ提供曲などのナマ演奏時に披露）
暗転中に移動してる型
（一見スマートだが移動の所作が見えないのでやや不評）
2018年の紅白なんて白組でドラムたたいた後早着替えして紅組でピアノ弾いたんだよ！
白ジャケを脱ぎ…
赤ジャケを着用!!
まさかのナマ着がえ！
あんまりあせって移動するとこけるよ〜
さすが着眼点がばばくさいな
自分がこけたからって…
このときはこう思ったが

過去にYOSHIKIはこの移動の際に失神・転倒した実績が幾度となくあるという
ライブも中断…
母正しい
スタッフさん
そのためSNS上にはYOSHIKIの安全な移動をよろこぶ民もわいている
間に合ってよかった!
YOSHIKIさん 無事ドラムにたどり着いてよかった!
こけなくてよかったです! 安心した!
そにしても珍妙… いや 中毒性のある歌詞…!
読者様はぜひ公式が出してるPVを見てみてください!
権利の都合上歌詞を掲載できないので
ノリノリの羽生くん(審査員席)でお楽しみ下さい
おもしろい歌詞やねぇ~
そして世界のMIYAVIが踊ってるんだが!?
なんだこのフリは!?
V系が演奏しないで踊りだすのは慣れっこだわ~
そうですけども…
母 ナゾの古参ドヤ顔…

今年はYOSHIKIとコラボはないのかぁ
紅白はほかの歌手とコラボせんほうが落ち着いて見られるよ
うしろでけん玉されててもええんかい
でもYOSHIKIが絡むコラボは毎回けっこう豪華なんだよ
2016年はXで出てゴジラを退治してたし
YOSHIKIがいつ来日できるかわからんからリハーサルできんのやないの？
YOSHIKIはいつも緊急来日やし
いやぁ～さすがにそれは…
な～んていっておりましたが…
TLRSそのものの制作も相当危うかったらしいです…
おひろめ会見の前日にPVを撮って会見始まってからもまだ編集してたんすよ～(笑)
(後日メンバー配信トーク)
ぞ～～
それにしても…
じ～
紅白タイムテーブル
今年の紅白はV系バンドがたくさん出るねぇ～
えっ！今年はTLRSだけだと思うけど…？
紅組

『死《し》ぬのがいいわ』はV系じゃないの？
※母想像『死ぬのがいいわ』
こんなこと言うのV系以外おらへんよ
死ぬのがいい〜〜
ちがう!!
藤井風だよォ
紅白
タイムテーブル
「SEKAI NO OWARI《セカイノオワリ》」はV系じゃないの？
※母想像「SEKAI NO OWARI」
世界ノ終ワリ
それもちがうー!!
めちゃくちゃそれっぽいけど!!
紅白
タイムテーブル
紅白は物騒な歌もやるねぇ
そのへんに関しては…『天城越《あまぎご》え』がいてくれるうちは許されると思う…
誰かに盗られるなら殺っていいですかでおなじみの
演歌最凶
紅白
タイムテーブル

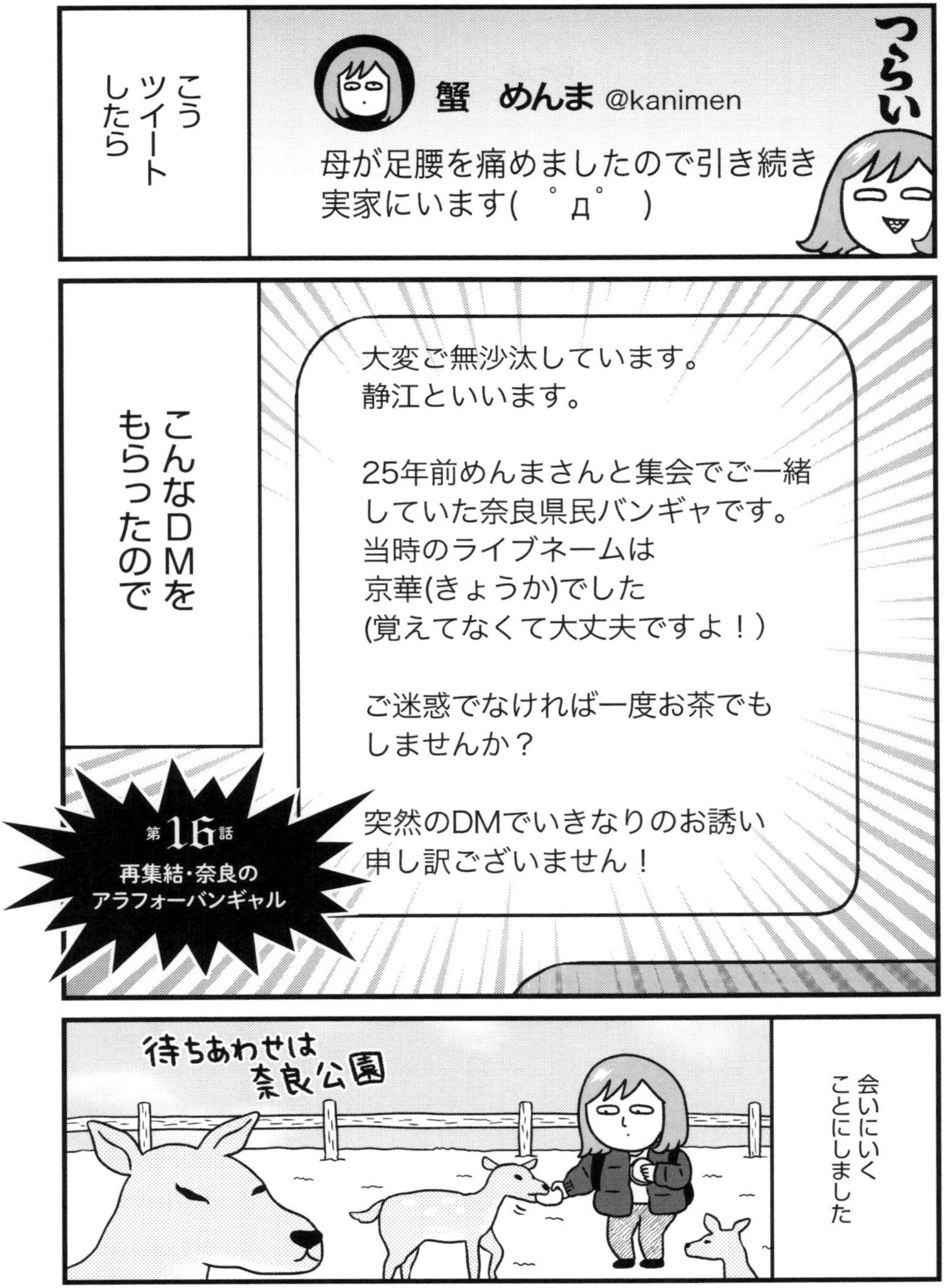

こう
ツイート
したら
蟹　めんま @kanimen
母が足腰を痛めましたので引き続き
実家にいます(ﾟдﾟ)
つらい
こんなDMを
もらったので
大変ご無沙汰しています。
静江といいます。
25年前めんまさんと集会でご一緒
していた奈良県民バンギャです。
当時のライブネームは
京華(きょうか)でした
(覚えてなくて大丈夫ですよ！)
ご迷惑でなければ一度お茶でも
しませんか？
突然のDMでいきなりのお誘い
申し訳ございません！
第16話
再集結・奈良の
アラフォーバンギャル
会いにいく
ことにしました
待ちあわせは
奈良公園

バンギャルの「集会」の一例　※大阪城公園《おおさかじょうこうえん》Ver.
集会というのは90年代のバンギャル文化
公園でシートを敷いてピクニック形式でくっちゃべる
主な食料はマクド
バンドマンのコスプレで写真撮影
写ルンです
ゲーセンまで移動してプリクラ撮影
プリクラ
毎週末全国各地で自然に発生していた井戸端会議のようなもので
狂鬼《きょうき》ちゃん名刺交換しない？
殺《あやめ》ちゃんの名刺初めて～！
血影《ちかげ》ちゃん次のツアーどこいく？
関西はいくよ！殺飢《さつき》ちゃんは？
ライブネームという各自自分でつけた物騒な名前で呼び合っていました
おもしろいからきてしまったけど～…
実はどんな人かうろ覚えなんだよなぁ
たぶんこの人のはずなんだが～
集会で撮ったプリクラ
奈良県民プリ
めんま
京華
素朴なバンギャルのふたり
それにしても最後に会ったの20年以上も前だし同じ奈良県民《ならけんみん》バンギャルでも話が合うとは限らんね～
まったく共通点がない人生になっているかも…
お子さん
お子さん
京華ちゃん想像図
あ…めんまさんですか…？

お…お久しぶりです…！
こってり！
えっ…きょ…京華《きょうか》ちゃん…？
※25年前
は…はい〜京華です〜！
私ピアス穴から鹿《シカ》見るの人生初です！
すいません…拡張が好きで…
ふつう地元でヤンチャしてた昔の知り合いに会うってなると
お互い丸くなったねぇ〜ってやるものだと思うんですが？
すいませんむしろ鋭利になってしまって

連絡もらえて うれしかったけど 実はあんまり 覚えてなくて…
いやいや！ 当然ですよ
なんせ あの時代は 「きょうか」が 死ぬほど いたし…
※とにかくいっぱいいた いろんな「きょうか」ちゃん例
凶架《きょうか》
鏡花《きょうか》
狂華《きょうか》
虚兎花《きょうか》
叫架《きょうか》
京華《きょうか》
日本人の名前でいう 「花子《はなこ》」みたいな もんですよね
ライブネームで 好きなバンドが わかったり したよね
この字が入ってたら このバンドのファンかも？ な漢字
涙
ラクリマクリスティー (バンド名由来)
紅秀
X JAPAN (バンド名 メンバーの名前由来)
月海
↑LUNA SEA (バンド名由来)
楓残
ディルアングレイ (リリース物タイトル由来)
灰
GLAY (バンド名由来)
霧藍
ピエロ (メンバーの名前由来)
※蟹めんま自身の経験による偏った一例です
バンド名 メンバー名 曲名から漢字を 取ってた人 多かったですもんね
ところで…
私ら最初どこで 出会ってますっけ？
HONIWARA《ほんわら》のライブですね
めんまさん 人生初ライブって いってましたよ
小学生だったから けっこう目立って ましたし
え
ランドセルだ
小学生だ

※架空のバンド名です

横断幕手作りしてきてました
がんばれ! HON-WAR
おうだんまく?
2階席から垂らすつもりっぽかったです
がんばれ! HON-WARA
!?
のど自慢《じまん》を参考にしたっていってました
がんばれ! 奈良の星 蟹《かに》ちゃん
あの時代の小学生がしょっちゅう見られるコンサート風景ってのど自慢くらいですもんね
それでファンのお姉《ねえ》さんたちが相談して…
あれ2階席から垂らすのはナシだよね
会場側に止められるね
なんかに使えんかな?
どうしようかね?
んばれ! ON-WARA
ごめんね〜それライブ中は出せないんだけどさ…
ちょっとウチらで借りていいかな?
はい どうぞ!
?

その日のコスプレさんの写真撮影スポットになってましたよ
がんばれ！
HON-WA
阻止してもらえて本当によかったです…
撮りま〜す
ほかにはなにかやらかしてないですか？
やらかしじゃないけど
当時から奈良をゴリ推ししてましたね
何度かプリクラ撮ったけどほら！
奈良県民♡
初プリ
大仏ポーズ
奈良県民ですが何か？
鹿県民
NARA
げー！落書きが奈良ネタばっかり
今日だってわざわざ場所を奈良公園にして…
背景に鹿を描きたくてつい…
なんでこんなにゴリ推ししてしまうのか自分でもわからんのです

※V系と親和性があるアーティストを含んで描いています

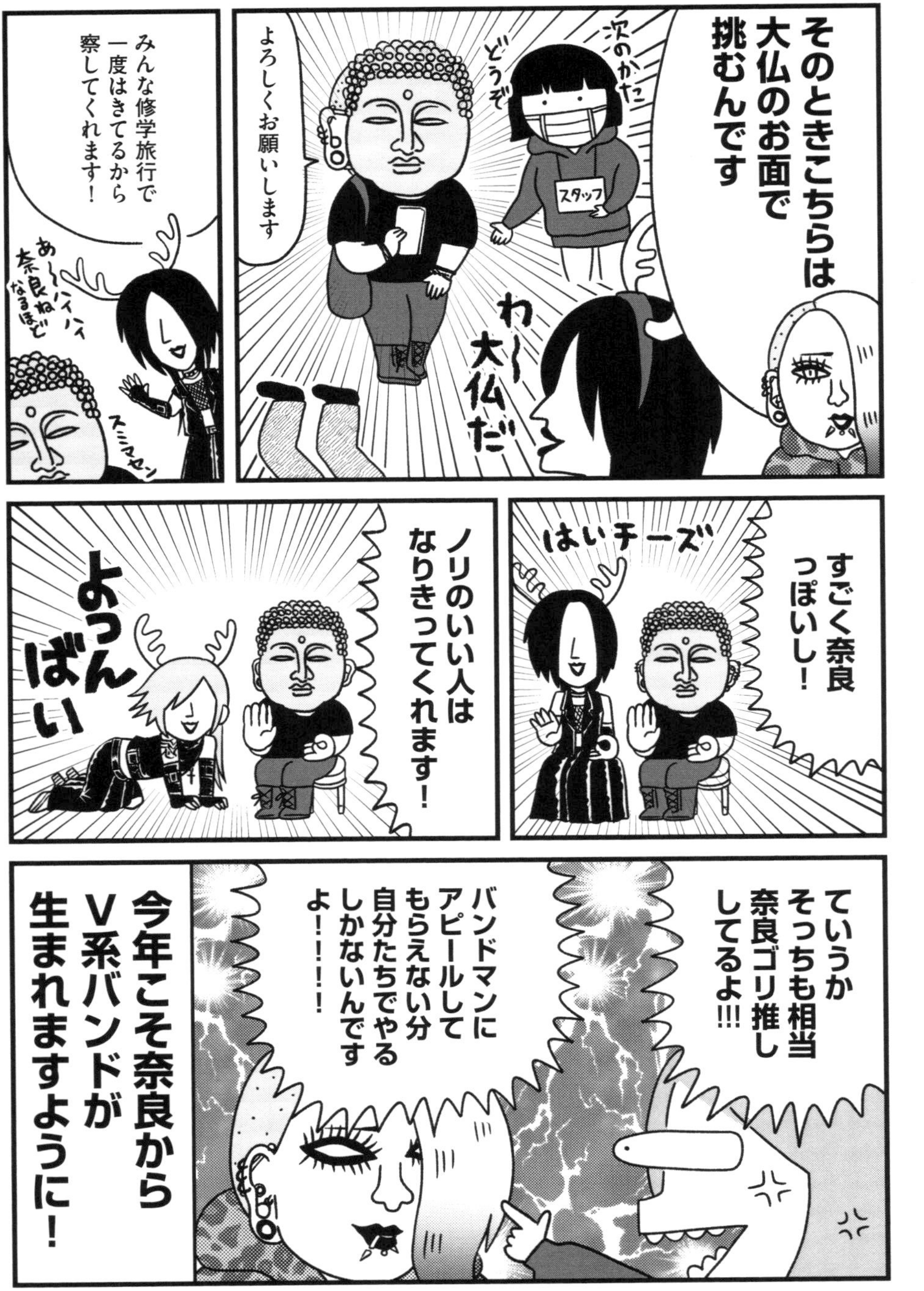
そのときこちらは大仏のお面で挑むんです
次のかたどうぞ
スタッフ
よろしくお願いします
わ〜大仏だ
みんな修学旅行で一度はきてるから察してくれます！
あ〜ハイハイ奈良ねなるほど
スミマセン
すごく奈良っぽいし！
はいチーズ
ノリのいい人はなりきってくれます！
よっばんい
ていうかそっちも相当奈良ゴリ推ししてるよ!!!
バンドマンにアピールしてもらえない分自分たちでやるしかないんですよ！！！！
今年こそ奈良からV系バンドが生まれますように！

世の中はいろいろなものが解禁モード
イベントの声出し
わ〜
きゃー
マスクは個人の判断で
海外も行きやすい
ですが…
わが家は絶賛ワンオペ介護中！
※要介護認定の申請結果待ち中でまだ行政の介護サービスが使えないため
ライブはおろか外出すらできなくなり
もう2ケ月ひきこもり…
怒りの矛先がゆがんできました
※配信ライブ
楽しそうなバンギャルが許せねぇ…!!
うらめしや
第17話
なりたいよ新規ハイ、
うらやましいよ新規ハイ

タイムラインの楽しそうなバンギャルがうらやましいよ～！
ライブにいけてうらやましいよ～！
しかしなにより…
新規ハイのバンギャルが…!!
うらやましい…!!
わな
わな
わな
わな
新規ハイとは…
推しバンドができたばかりの浮足だったバンギャルのこと
ものすごく楽しそう
1ケ月前にハマりましたっ!! キャンサーってバンドです!!
あした初めてライブ行くんです♥
※バンド名は架空です
新規ハイのバンギャルには3段階の強さがあります
レベル3
レベル2
レベル1
まずはノーマルな新規ハイバンギャル
レベル1
彼らはありとあらゆることを光の速さで吸収しまくり
すべて調べつくす
過去曲
レア曲
昔のアー写
ライブのフリ
メンバーのあだ名
昔所属していたバンド
お決まりネタ

※サイコロを振って日本中を旅しながら目的地を目指す人気ゲーム『桃太郎電鉄《ももたろうでんてつ》』シリーズの略

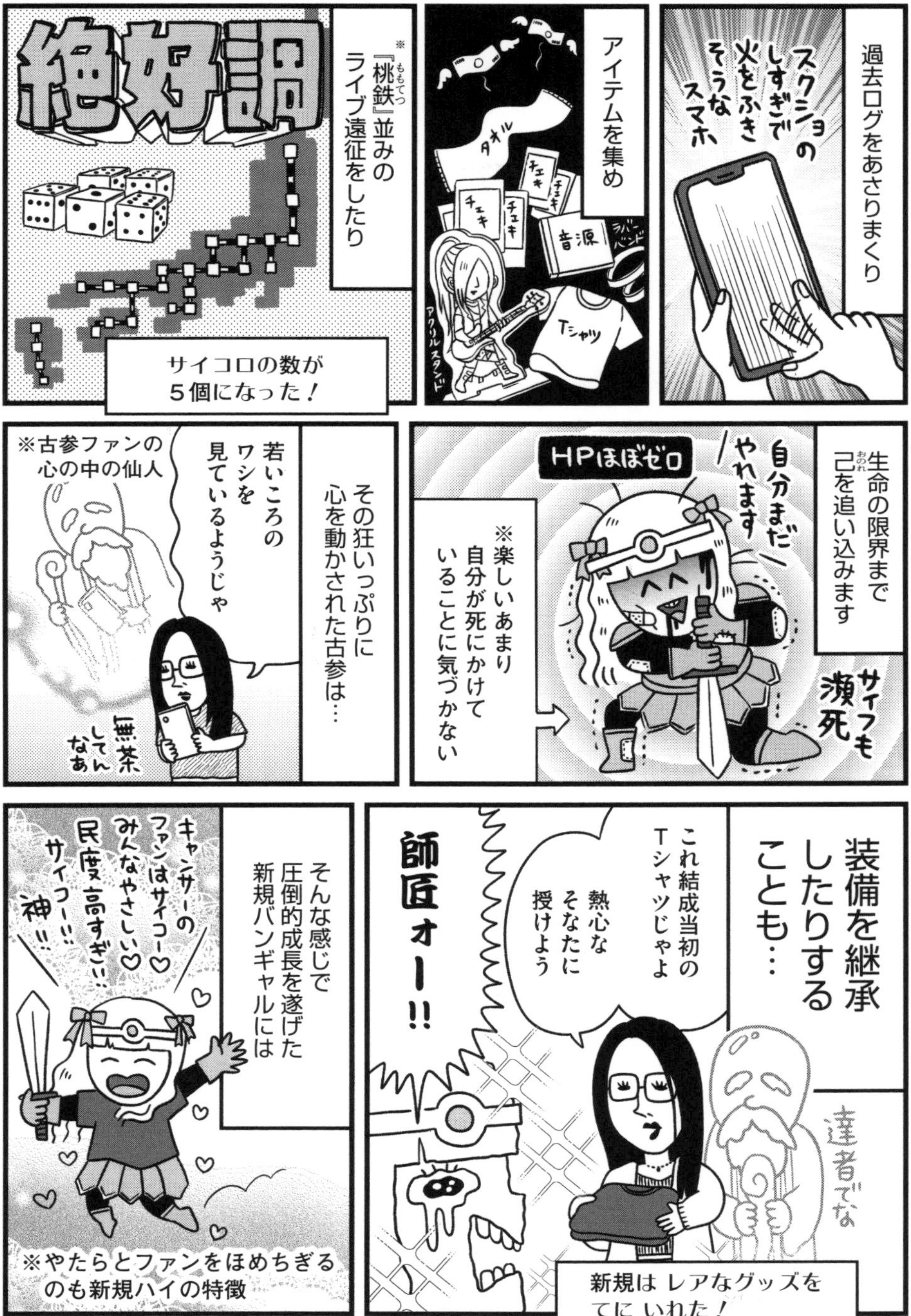
過去ログをあさりまくり
スクショのしすぎで火をふきそうなスマホ
アイテムを集め
タオル
チェキ
チェキ
チェキ
チェキ
音源
ラバーバンド
Tシャツ
アクリルスタンド
※『桃鉄《ももてつ》』並みのライブ遠征をしたり
絶好調
サイコロの数が5個になった！
生命の限界まで己《おのれ》を追い込みます
HPほぼゼロ
自分まだやれます
サイフも瀕死
※楽しいあまり自分が死にかけていることに気づかない
その狂いっぷりに心を動かされた古参は…
若いころのワシを見ているようじゃ
※古参ファンの心の中の仙人
無茶してんなあ
装備を継承したりすることも…
これ結成当初のTシャツじゃよ
熱心なそなたに授けよう
師匠ォー!!
達者でな
新規は レアなグッズを てに いれた！
そんな感じで圧倒的成長を遂げた新規バンギャルには
キャンサーのファンはサイコー♡
みんなやさしい♡
民度高すぎ!!
サイコー!!
神!!
※やたらとファンをほめちぎるのも新規ハイの特徴

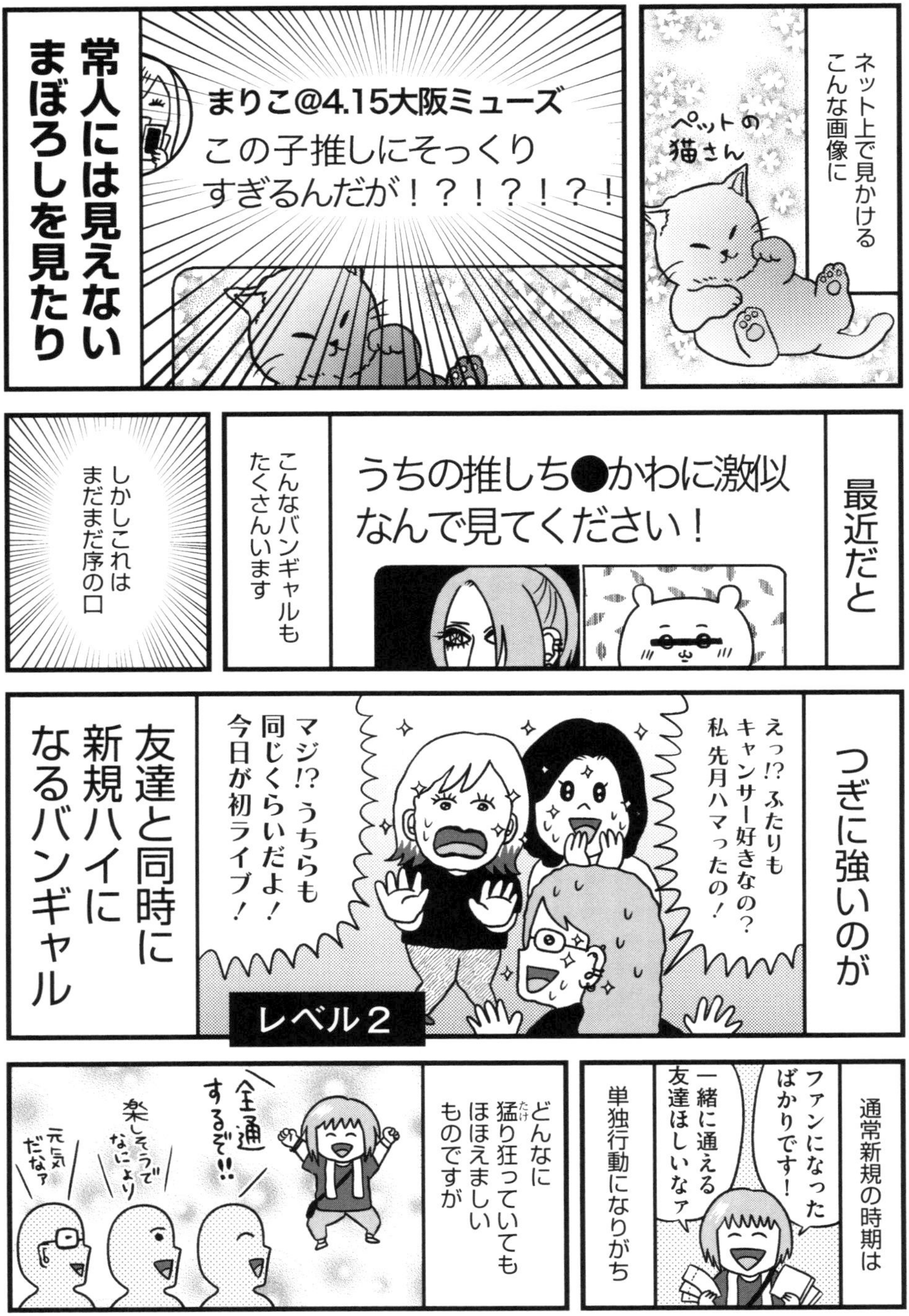

ネット上で見かけるこんな画像に
ペットの猫さん
まりこ@4.15大阪ミューズ
この子推しにそっくりすぎるんだが！？！？！？！
常人には見えないまぼろしを見たり
最近だと
うちの推しち●かわに激似なんで見てください！
こんなバンギャルもたくさんいます
しかしこれはまだまだ序の口
つぎに強いのが
えっ!? ふたりもキャンサー好きなの？私先月ハマったの！
マジ!? うちらも同じくらいだよ！今日が初ライブ！
レベル２
友達と同時に新規ハイになるバンギャル
通常新規の時期は
ファンになったばかりです！
一緒に通える友達ほしいなァ
単独行動になりがち
どんなに猛《たけ》り狂っていてもほほえましいものですが
全通するぞ!!
楽しそうでなにより
元気だなァ

友達と同時に新規ハイになると
いっしょに通おうぜ!!
徒党を組んで強化合宿を行うので
お泊まり
鑑賞会
ハマるスピードが通常の倍以上になり
前述のように荒ぶっても
この子推しにそっくりすぎるんだが??
加勢により
Miki(現在絶賛新規ハイ)
完全に一致で草wwwww
もも@次回参戦15日大阪MUZE
顔の雰囲気一緒な上に結成時アー写のヘアメとどう見ても同じ
ツッコミ不在
タイムラインに祭りが発生
この子らをこんなに熱狂させるなんてよっぽどいいバンドなのかなぁ
楽しそう
ちょっと私もライブいきたくなってきたわ~
曲聴いてみよ~
ぜひいきましょう!チケット取りますよ~!
周囲を巻き込む力もあります
そして新規ハイの最強形態が…

※バンド名は架空です

レベル3
ブレーク中のバンドに
Aちゃんもシナティーク通ってんの!? 私もだよ!
人気上昇中新人バンド
アニメの主題歌で知ったの!
Bちゃんも!?
友達と同時に新規ハイになるバンギャル!
バンギャルらのモチベーションもさることながら
津々浦々へ遠征
バンド自体も勢いがあるので
チケットソールドアウト
アニメのタイアップ
いいね5万 リツイート2万
物販長蛇の列
ハイが始まったと同時に推しバンドがMステに出るとか
MUSIC STATION
ギャアアアア
ギャアア
ギャアアアア
段違いの会場キャパ上げに立ち会えるとか
ゼップダイバーシティーワンマン決まりました!!
ギャピー
ギャピー
ギャピー
エモいイベントが大発生!
新規バンギャルひとりだとハードルが高いことも
コスプレ3人衆でライブ参戦
大人数ならノリノリでやれちゃう!

そして先日
このタイプの
バンギャルから
一本の電話が
ぶぶぶ
今どこ
ですか？
私たち今 会場
つきました！
？
ハァ
ハァ
ハァ
ハァ
はい？
え？ 今？
家だよ
ウソー!?
きてないん
ですか!?
ハァ
ハァ
今日シナティークが
ゼップダイバー
シティでワンマン
するんです！
早く
来て!!
ハァ
ハァ
ハァ
知っては
います
けど！
あなたがたが
SNSで
にぎやかに
してますから！
あ…
あのねぇ
全バンギャルが
シナティークの
ファンじゃ
ないんだが…
人気なのは
わかるけど
え？
あっすい
ません！
物販いくんで
またかけ
ますー！
ぶちっ!!
A子
ハァ
ハァ
ハァ
新規ハイのひとは本当にずっとハァハァ言ってる
だめだ
こいつら…
…………
完全に
キマって
やがる…
ツー
ツー
ツー

しかし…
A子
090-xxx
自分の本命バンドに全バンギャルがくると信じて疑わない…
この絶対的自信…!!
「今V系界の中心は間違いなくオレたち!」
ウチらの本命まじパねぇ!
そういわんばかりの無敵感…!!
推ししか勝たん
くそくそくそ〜!!
オラも無敵になりてぇー!!
新規ハイになりてぇ——!!
来月こそ!
戦い《ライブ》にいかせてくれー!!
きぃえ

相変わらずライブにいけず悶々《もんもん》と暮らしています
YouTubeくらいしか娯楽がないよ〜
タブレット
ぶぶぶ
ぶぶぶ
ぶんか社《しゃ》編集 着信
ハイハイこんにちは
あ！めんまさんTwitter《ツイッター》見ました？
編
『タモリ倶楽部《くらぶ》』でV系が特集されるらしいですよ！
タモリ倶楽部
はい!?
第18話
きてるよ、波が！令和のV系お茶の間進出への道
しかも次の週は『ジロジロ有吉《ありよし》』でもV系特集があるようで…
ありよし
ええええ何事？
※公式予告動画
うわあぁ〜〜〜ほ ほんとだっ！
ここここ…これはまさか…
ヘドバン(?)するタモさん

またやってくるってコト…？
V系のお茶の間ブレーク…!!
お茶の間ブレーク？
編

V系は基本地下で栄えているんですけど

まれにお茶の間で大ブレークすることがあるんです!!

V系のお茶の間ブレーク事例
90年代が多いけどその後も定期的に波はきてます
私も知ってる人たちばっかり！
X JAPAN
小泉《こいずみ》元総理の愛唱歌「Forever Love」で高齢者層にも大浸透
SHAZNA
『クレヨンしんちゃん』にキャラとしても登場
LUNA SEA
Vo.《ボーカル》河村隆一《かわむらりゅういち》のソロも大ブレーク
L'Arc~en~Ciel
シングル３枚同時リリースでお茶の間に大浸透
ゴールデンボンバー
「女々《めめ》しくて」が大ヒット
GLAY
幕張20万人ライブがワイドショーでも話題に
編
※昭和60年生まれ地方育ち蟹めんまの見解です
※敬称略 ※V系に親和性が高いバンドも含んでいます

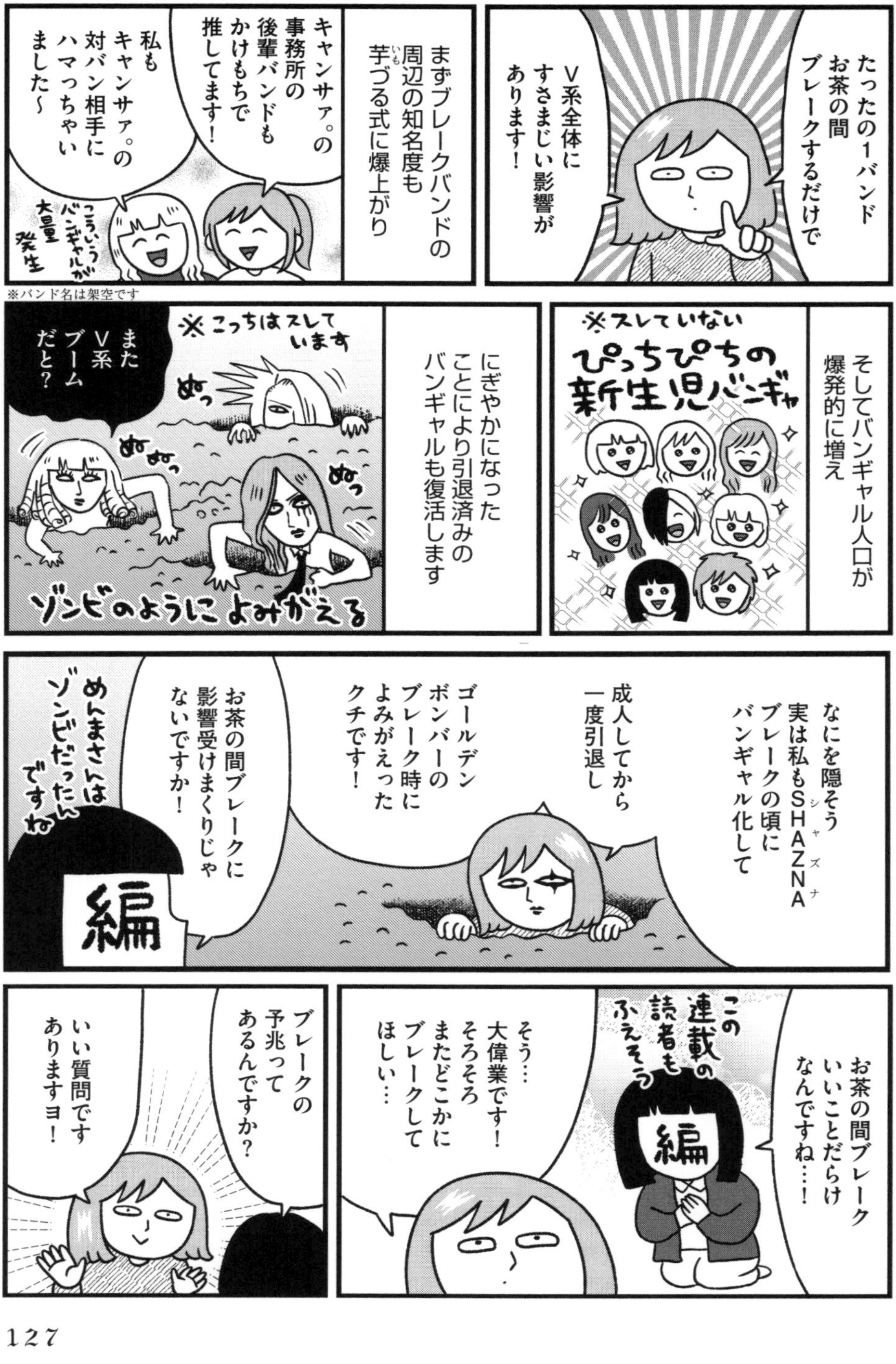

たったの1バンドお茶の間ブレークするだけで
V系全体にすさまじい影響があります！
まずブレークバンドの周辺の知名度も芋《いも》づる式に爆上がり
キャンサァ。の事務所の後輩バンドもかけもちで推してます！
私もキャンサァ。の対バン相手にハマっちゃいました〜
こういうバンギャルが大量発生
※バンド名は架空です
そしてバンギャル人口が爆発的に増え
※スレていない
ぴっちぴちの新生児バンギャ
にぎやかになったことにより引退済みのバンギャルも復活します
※こっちはスレています
またV系ブームだと？
ぬっ
ぬっ
ぬっ
ぬっ
ゾンビのようによみがえる
なにを隠そう実は私もSHAZNA《シャズナ》ブレークの頃にバンギャル化して
成人してから一度引退し
ゴールデンボンバーのブレーク時によみがえったクチです！
お茶の間ブレークに影響受けまくりじゃないですか！
めんまさんはゾンビだったんですね
編
お茶の間ブレークいいことだらけなんですね…！
この連載の読者もふえそう
そう…大偉業です！そろそろまたどこかにブレークしてほしい…
編
ブレークの予兆ってあるんですか？
いい質問ですありますヨ！

まず漫画にブレークバンドのメンバーがモデルっぽいキャラが増えます
ラルク hydeさんや GLAY TERUさん GACKTさんぽいキャラが続々と爆誕
バンドマンを模した源氏名のホストが出現したり
Club Bun華
No.1 鬼龍院 翔弥
そのまんまやないか…
アイドル雑誌に特集されたりもします
MYOJO JUNON Wink-UP!
JUNON
Myojo 5
Wink up! 5
90年代にめっちゃ出た
普段の音楽雑誌はこんな感じですが
まじめなインタビュー
―ニューシングルのコンセプトは?
「人間の心の闇や痛み、世界の終焉をモチーフに昨年から曲を書き溜めてかくしかじかうま
アイドル雑誌では斬新な企画が多いので楽しいです
V系バンドマンによるメイク講座!
最初は化粧水で肌を整えるよ!
スッピン初公開!
しかしなによりも濃厚なブレークの予兆は……!
バラエティー番組でネタにされること!
です!
あのXも80年代の『天才《てんさい》・たけしの元気《げんき》が出《で》るテレビ』で知名度を爆上げしました!
!!
編

…めっちゃ今の状況じゃないですか…!!
編
タモリに有吉…
そう…これは激アツ…
そもそもV系はバラエティー番組と相性がいいです!
極端な話化粧を落としただけで笑いが取れる!
ハァハァ
ハァハァ
辛
激辛ラーメンでメイク土砂崩れなどなど
バンギャルの動きも珍妙でテレビ映《ば》えします
だからもうバラエティーに出さえすれば
確実に話題にはなります!
でもある意味番組より注目なのが
放送後のSNSの反応!
#ヴィジュアル系
#V系
#バンギャル
感想会ですね?
イエス!
編
V系特集うれしい!
V系昔ハマったな～またライブいきたいな～
地上波でV系を取り上げてくれてありがたいね!
こんな感じでも波がきているのは間違いないです
が!しかし本格的なブレーク時は

血で血を洗う学級会が起こります!!
キャンサーはＶ系の中でも特殊なファン層のバンドだからこれがＶ系のスタンダードだと一般人に思われたら困るんですが…
こんなふうにバンギャルを笑いものにするなんてＶ系をバカにしてるよね！
番組制作者はＶ系をわかってない！
Ｖ系を語るにおいてシナティークがまったく取り上げられないのはおかしい！スポンサーの忖度《そんたく》？
また昔のバンドの話ばかりで平成《へいせい》～令和《れいわ》のバンドは出てこなくてガッカリいつまで90年代の話するんだよ！
番組制作側の解釈をジャンル全体のことみたいに報道しないでほしい！まじで迷惑なんだが

※バンド名は架空です

昔はこれを見て
ひぃ～恐ろしい…
と思ってましたが…

あの学級会は人気の証拠だったんです
今思うとお茶の間ブレークのときは毎晩学級会が起きてました…
怒り…それは思い入れの証し…
人気のジャンルは四六時中学級会してるんだヨ
編

オンエア楽しみですね！
編
はい！学級会したい！
そして当日
完全お祭りモード
SNS実況用充電満タンスマホ
アルコールおつまみ
酒
オレンヂジュース
コーラ
うすしお味
あれ…もう時間なのに始まらないなぁ…
私チャンネル間違えてる…？
そんなはずないんだが〜？
生放送でYOSHIKIが出るのカナ？
………
あんたここは奈良やよ？
…お母さん…新聞ある？
あるよ
………
カサ…

ギャーッ!!!
ガーン
ABCテレビ
関西の明日
役立つお得な
情報、ニュース
をコンパクトに
お届け！
24
食べ歩き！
生態に迫る！
奈良は放送してねぇ!!!
※ABCテレビは関西《かんさい》のテレビ朝日《あさひ》系列局だよ！
中高生の頃はしょっちゅうあったけど…
まだこんな格差が！
よみがえる悪夢
ライブのみならず…
ネットの学級会にすら参加できないだとォー!!
仲間に入れてよォ
奈良県民をバカにしやがって!!!
許さねぇ!!
元首都だぞ!!!
うやまえー!!
怒り…それは思い入れの証し…
翌週のジロジロ有吉も放送されませんでした

今月もライブに
いけず
参戦組への
妬《そね》み嫉みが
止まりません
が…
またこの始まり方….
ライブいけてても
コロナ前ほどは
楽しめてないよ〜
ライブ後に
飲めないなんて
拷問《ごうもん》なんよ〜
いけている人には
いけている人なりの
悩みがあるそうです
ずっと
ぼ※っち参戦
ばっかり
だったしね〜
それでも
うらやましい…
第19話
ぼっちライブ
参戦珍百景
※ティッシュ箱
※ひとりでライブにいくこと
ここ数年は
ひとりでライブに
いく人が爆増しました
チケ発の
段階だと
いけるか
わからない
ないしな〜
感染とか
濃厚接触者に
なって
ドタキャン
したら悪いし
とりあえず
チケットは
1枚で取るね
しかし…

※新型コロナウイルスの状況は原稿作成時のもので、発売時期とは時差があります。

私はコロナ前から
ぼっち参戦が多いタイプ
遠征もぼっち
理由はこれです
ライブ前後にまったく観光しないから!!!
私は地域問わずライブ前は漫画喫茶に引きこもり
ご当地グルメなどもめったにクチにせず…
※家を出るまでに原稿が終わらなかったため
ライブ後は夜行バスで帰るか
夜行バス
まんが喫茶で一夜をあかす
カプセルホテル
泊まるとしても宿代をケチりまくるのが好きなのです
普通 少しは観光や食事を楽しみたいはずなので
山龍金
雷門
ケチ旅に他人を巻き込むのは気が引けちゃいますよね
なのでたまにこんなことがあっても
めんまさんて高校生の頃京都《きょうと》のバンド通ってたんだよね？おすすめのお店とか観光地ある？
来月旅行で行くんです～
※バンギャルではない知人

ラ…
ライブハウスの場所と…
補導員がこない漫画喫茶とカラオケしかわかんない…
不良少女のような回答しかできない中年になってしまいました
とはいえぼっちもいいことだってあるんですよ!
遠慮せず好きなものだけ食べられますし
ずずずず
名古屋だと3食スガキヤ食べます
やらかしても他人に迷惑をかけません
飛行機行っちゃった…
夕方ごろ駅の切符売り場をウロウロしていると
そろり
そろり
1日フリーパスを恵んでもらえたりします
もう使わないんだけどもらってくれる?
ありがてぇ〜

※複数人よりひとりのときのほうがもらえる確率が高い気がします(めんま調べ)。

ライブ中も気のむくままにうろちょろできますし
元気な時は前方ゾーンへ
つかれたらうしろでお休み
外に出るのも自由

混雑したライブハウスでも
4列目
前方にひとり分くらいはスキマがあったりするので
周囲にことわりさえすれば
スイマセン お隣 あいてますか?
どーぞー
ここ入ってもいいですか?
整理番号が悪くてもかなり前のほうで見られたりします
反対にぼっち参戦で困ることはこれ!
席をはずしにくい!
たとえばさっきの方式でベスポジをゲットしても
トイレいきたいなぁ〜
でも今抜けたらここ埋まっちゃいそうだしなぁ
ひとりだと抜けにくいですし
ぼっち外食でも同じ問題が起きます
ドリンクバーとかトイレとか
席はずすとき荷物ど〜しよ〜
座席キープしたいけど荷物を置きっぱなしにはしたくない…
みなさんはどうしてますか?

私は正解がわからないので
せ[redacted]とくん
ペットボトルカバー
NARA
※常人は盗る気にならないキャラクターグッズを置いておく
これで対処しています
と若干《じゃっかん》不便なことはありますけれど
ぼっち参戦の最大の試練は
ライブのよろこびをわかち合う人がいない！
これにつきると思います！
ライブ中は不意打ちで思わぬ「萌え」が押し寄せてくるので
初期のレア曲演奏!!
突然の新曲初披露
発表された次回ツアー先にド地元が！
もしかして今目が合った？
メンバーのかわいいわちゃわちゃ
新衣装お披露目《ひろめ》
まさかのピックゲット！

そのたびに
モゴッ!!
モゴモゴ〜ッ!!
となりますが
ひとりはっちゃけには
やはり限界があります
※はっちゃけ度60%
すぐ隣で
爆発している
人々がいると
えっ…⁉
このイントロ…!
え!
ウソ⁉
レア曲
すぎる
じゃん
さすがに
この瞬間ばかりは
連れ添い参戦組が
うらやましくなります
ぎゃ〜〜〜っ!!
………
見たものの
真偽確認が
できないところも
切ないポイントです
今日の
2曲目って
何だったっけ?
次のツアー先に
奈良は入ってたよな?
新しい衣装は
うしろがスケスケだった気がするけど
私の願望がつくり出した幻覚じゃないだろうか…?

とはいえライブは楽しいですから
終演後
満身創痍だ…こりゃ夜バスは即寝落ちだな
と思うのですが
記憶の反芻《はんすう》が始まると
本日のライブ
体力の消耗に相反して
体力
レポ熱が急上昇
そんなときはSNS!!
日のライブめちゃ
かったあぁあまさか今日
成当初の曲やるなんて
思わないから腰抜かしたし
遠征するか迷ってたけど
思い切って来てほんとに
よかった(T▽T)
ぼっち参戦でも世界にレポを放てば寂しくありません
そして眠気も吹っ飛びレポ熱がピークに達した
つぎの瞬間

このバスはただいまより消灯いたします
スマートフォン等のご利用はご遠慮ください
バス消灯…
レポ熱のピークと夜行バス消灯時間はシンクロ率100％
寝られるわけがない
おめめギンギンの中バスは真《ま》っ暗《くら》に
さらに
!?
ぶぶぶぶぶぶぶ
今から今日のライブのおつかれ配信やります！
バンドマン
この通知絶対メンバーのインスタライブだ……!!
※よく当たるバンギャルのカン
次回ライブは誰か誘って挑もうと思います

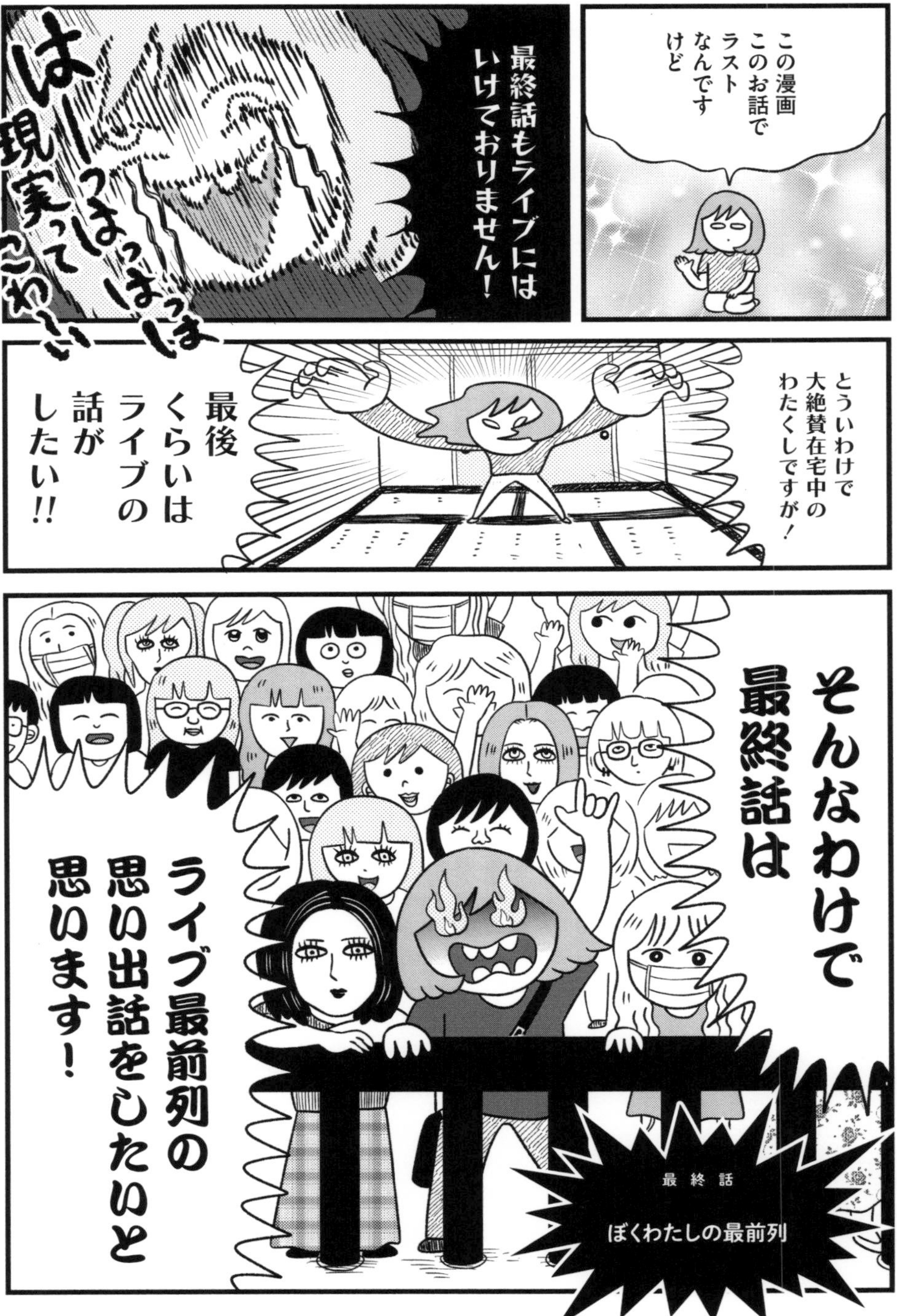
この漫画
このお話で
ラスト
なんです
けど
最終話もライブには
いけておりません!
は〜〜っはっはっは
現実ってこわ〜〜
とういわけで
大絶賛在宅中の
わたくしですが!
最後
くらいは
ライブの
話が
したい!!
そんなわけで
最終話は
ライブ最前列の
思い出話をしたいと
思います!
最終話
ぼくわたしの最前列

最前列とは文字どおり客席フロアの先頭列のこと
ここ
ワンマンライブは固定ですが
5バンド目のとき場所代わってもらえますか?
いいですよ～
3バンド目で最前入りたいんですが空いてます?
こっちでよければ空いてますよ
複数のバンドが出るイベントはその都度ファンが入れ替わる場合が多いです
最前列は視界を遮《さえぎ》るものがなにもない絶景!!
表情はもちろん
いま目が合った!(気がする)
手元や機材も見られますし
進行表やカンペがチラ見えできたり
レアものだぁ～
①Really funny
②恋花哀 -BUNKA SHA-
-MC-
③本当ニアッタ
会場側からバンドへの切実なお願いも見られます
客席へのダイブ厳禁
ダイブ禁止
円滑な転換ご協力ください
ここに物を置かないでください

そんなわけで最前列は人気の場所
整理番号 A1
A1
整理番号 A3
A3
チケットの整理番号が早いと入りやすいです
絶対最前入るぞ…!
絶対最前入るぞ…!
絶対最前入るぞ…!
まもなくオープンしまーす
スタッフ
争奪戦になることもありますが
すごく目立つゆえに
ノリ方の手本にされる
アクシデントがあると目立つ
ノリが悪いと目立つ
良くも悪くもメンバーと目が合う
は…
鼻血が…
それなりのプレッシャーがありますし
激しいノリのときは後方からのすさまじい圧に耐えなければいけません
※私はこれであばら骨を折ったことがあります!
※ステージ

ちなみに最前列には
いろんなタイプの柵が
設置されており
プラスチック型
スタッフさんが
支えることが多い
←スタッフさん
鉄板型
柵というより鉄の
パーテーション
クッション型
ケガをしにくい
クッション素材
フル金属型
つかまると痛い
腰上くらい
どのタイプも
たいていは
これくらいの
高さですが
インディーズ向けの
小さなライブハウスには
まれに異様に高い柵が
そびえたっていることが！
ひぇ〜
その場合 最前はこんな態勢で
ライブを見ることになり
↑足がつかない
そんな柵の常連になって
修業を積むと…
ギャ〜
バンギャルというより
プロレスラーのような
貫禄になります
クラッシュギャルズ…？

そんな過酷な面もある最前列ですから
マイナーなバンドばかりが複数出るイベントだと
次の黒蟹《くろがに》最前真ん中空いてます～
だれか入りませんか～？
なんてことも
※バンド名は架空のものです
そんなときどこからともなく現れるのが
最前列あっせん屋おばちゃん!!
※バンド関係者ではいっさいありません！
彼女は動員の中から素質のあるファンを瞬時に見つけ出し
キュピ～ン!!
※黒蟹のTシャツタオル着用
お姉《ねえ》さん！黒蟹のファンですよね！ぜひ最前のど真ん中入ってちょうだい!!
ヒイイイ!!!
熱烈なスカウト！
わわわわ私先月ファンになったばかりでまだ持ってない音源もあるしノリ方も知りません！
ファンだったら入らなきゃいけないわけじゃないし…！私は後ろで見たいんです！

ふつうのおばちゃんなら
ここで引き下がりますが
……
※バンド関係者では
いっさいありません！
たしかに入る義務は
ない…！
でも最前列の盛り上がりは
バンドの伸びしろの
バロメーターでもある！
ノリを知ってるか
どうかや
ファン歴なんて
どうでもいい！
ただ全力で
楽しめば
いいだけです！
プロは刺さる
金言を連発
たしか黒盤は先日
ドラムが脱退したばかり…
今日は大事な一戦ですよね…？
あ…
…あ…
そんなに詳しいなら
あなたが入ればいいのでは…
逃げちゃだめだ
逃げちゃだめだ
逃げちゃだめだ
エヴァンゲリオン？
最前…！
入ります！
今のあんた
いい眼《め》
してるよ！
いっといで！
そして彼女は
全力で
盛り上がり
後方に戻ると
ブラボー！
ハァ
ハァ
ハァ
お姉さんの
ヘドバン…！
カッコ
よかったよ！
すげー！
なんかの
管理職とか
やってんのかな
ちゃんと
ホメる
ぬかりのない
アフターフォローー！！

と 最前列の思い出話をしてきましたが
ライブにいけない期間に気がついたことがあります
配信ライブの映像って…
最前列の景色とほぼ同じ!
ナマと現場は臨場感がぜんぜんちがうからぜひライブにきてね!
というご意見はごもっともですが
演者の人がこう言うのは当然…
配信は表情も衣装もじっくり見られて
スクショもできる
ポチポチ
まったくノらずに静かに見ることもでき
安心・安全あばら骨も折れない
元気なときは好きに盛り上がれます
謎の小躍り
配信ライブならではのよさってあるなあ
中年をむかえる私の生活に合ってるし
配信ライブでも楽しめたら今後棺桶に入るまでバンギャルができるぞ!

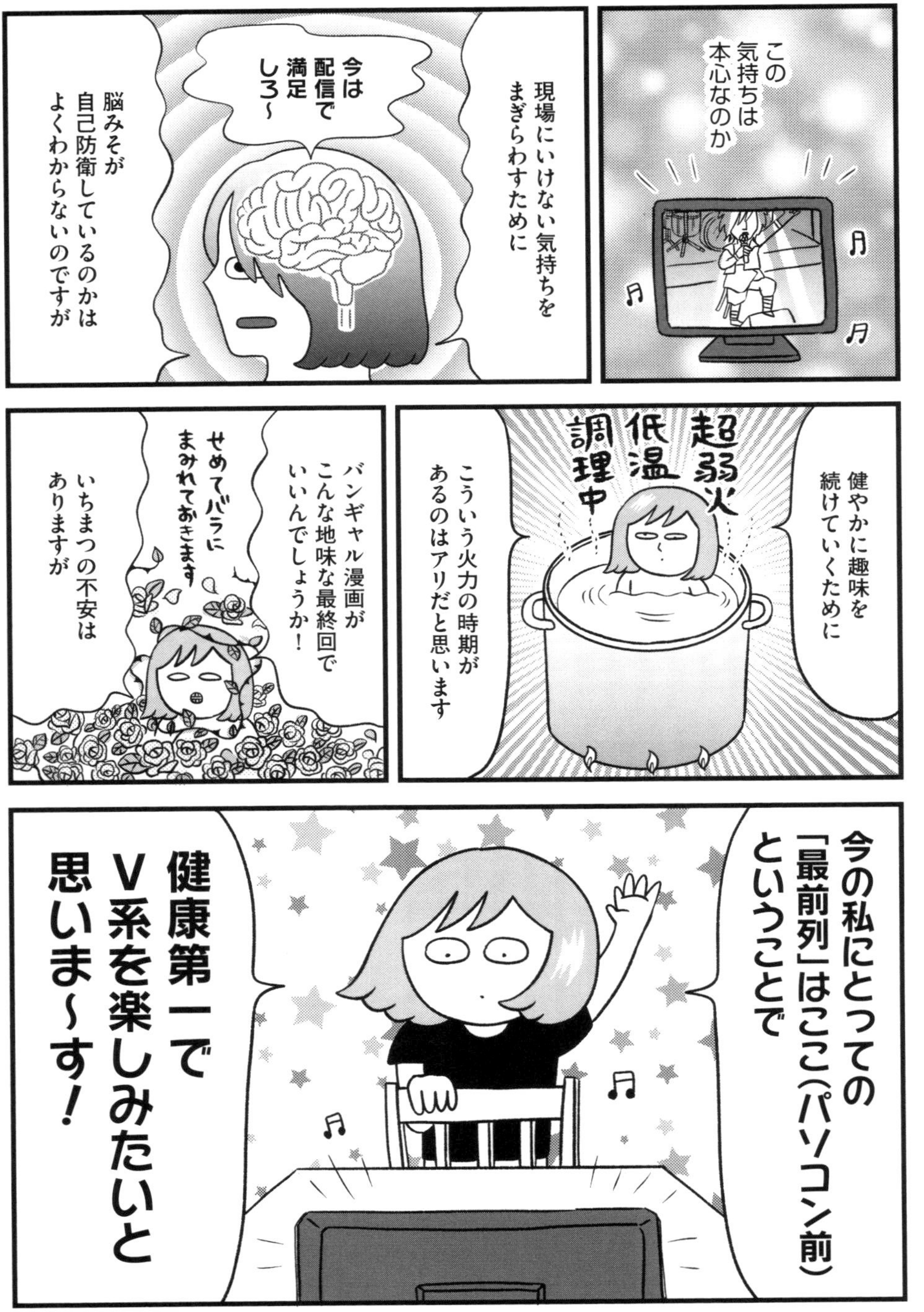
この気持ちは本心なのか
現場にいけない気持ちをまぎらわすために
今は配信で満足しろ～
脳みそが自己防衛しているのかはよくわからないのですが
健やかに趣味を続けていくために
超弱火
低温
調理中
こういう火力の時期があるのはアリだと思います
バンギャル漫画がこんな地味な最終回でいいんでしょうか！
せめてバラにまみれておきます
いちまつの不安はありますが
今の私にとっての「最前列」はここ（パソコン前）ということで
健康第一でV系を楽しみたいと思いま～す！

蟹めんまに100の質問！

V系とバンギャルについて

1 バンギャルに目覚めたきっかけは？

小5の時、隣のクラスにあったV系雑誌を見てからです。『幽★遊★白書』の敵キャラにいそうな人がいっぱい載っていて衝撃でした。

2 バンギャル活動に対しての家族の反応・理解は？

10代の頃は「小遣いと門限の範囲内での活動なら良し」とされていたと思います。

3 ライブ中、絶対に持っていたいものは？

タオルです（P45参照）。

4 一番好きなV系のスタイルは？

白塗り族です。

5 今までにハマったバンドのスタイルは？

白塗りが好きなはずなのにハマるバンドはだいたいコテビ系です。好きなタイプと実際好きになるタイプは合致しません。

6 今まで行った中で一番印象深いライブは？

2016年10月14日～16日の3日間、幕張メッセで開催されたビジュアルジャパンサミットです。

7 「全人類が一度は見るべきだ！」と思うバンドのライブは？

ビジュアルジャパンサミットです。第2回の開催を熱烈に待っています。

8 自分の人生に一番影響を与えていると思うバンドは？

受験・就職・失恋・離婚・身内の死など人生の正念場で必ず聴いてるのはDIR EN GREYです。

9 ライブ仲間はいる？

茶飲み友達のバンギャルはそれなりにいます。普段のライブはひとりで行くことが多いですが、フェスやお祭り系のイベントは友達と行きたいです。

10 本作の中で一番お気に入りのエピソードは？

P117からの「なりたいよ新規ハイ、うらやましいよ新規ハイ」です。ここ5年くらい描きたかったネタでした。

11 バンギャルになっていなかったら、どんな人生だったと思う？

不健康・深刻な運動不足。

12 もし1日だけ好きなバンドメンバーになれるとしたら、どのバンドでどんなことをしたい？

X JAPANのYOSHIKIさんになって「第2回ビジュアルジャパンサミットをやるので出演してほしいバンドを教えてください」とSNSで発信し、後に引けない状態にして1日を終えます。

13 バンギャルとして一番ピークだったと思う時期と理由は？

しつこいですがビジュアルジャパンサミット1日目のGLAYで『グロリアス』を幕張メッセにいた全員で合唱した時です。

14 もしバンドを組むとしたら、どんなバンドでどんなことをしたい？

奈良を拠点にした全員白塗りのバンドを組んで、平城宮跡でPVを撮りたいです。

15 世間のバンギャルに対してのイメージで「ここが違うよ！」というところは？

期待されるほど病んでいないと思います。

16 よく見るV系界隈のYouTubeチャンネルは？

DIR EN GREYのShinyaさん・lynch.の葉月さん・晁直さん・ザ・シンナーズの雄大さん・その他バンギャルさんの踊ってみた系のチャンネルです。

17 今まで見たライブグッズの中で「これはすごい！」というものは？

GLAYのグッズのマトリョーシカ（グレリョーシカというらしい）です。

18 お気に入りのバンドのPVは？

ビバラッシュの『踊らされた人生』のPVです。兵馬俑の中心で拳ヘドバンをあおるシーンが斬新すぎて腰を抜かしました。

19 もし「V系バンドをプロデュースしてください」といわれたらどんなバンドを作りたい？

まずは奈良にV系バンドの事務所を作ります。

20 V系入門としてオススメのバンドは？

ゴールデンボンバーと0.1gの誤算です。V系やバンギャルの習わしを見られるYouTubeや映像作品が多い気がします。

21 コスプレをしたことがあるバンドマンと、その理由は？

2001年頃までのDIR EN GREYのShinyaさんです。王道の女形スタイルがかわいいのと、フルウイッグでできるうえに髪を立てないのでクセ毛頭の私としてはやりやすかったです。

22 バンギャルの三種の神器は？

スマホ・ネット環境・イヤホンもしくはヘッドホン。

23 「バンギャルでよかった！」ということは？

心身ともに健康なこと・漫画を描けたこと。

24 「バンギャルで困った！」ということは？

いまいち思いつかないです。

25 好きなライブハウスと理由は？

地元の奈良ネバーランドです。ステージの天井がものすごく低いのでライブ中メンバーがぶら下がったりよじ登ったり珍プレーがたくさん見られます。

26 今までで「死ぬかと思った！」というライブは？

P143の「最前列で肋骨骨折エピソード」と言いたいところですが、本当に死ぬと思ったのはZepp Tokyoでサンボマスターを見た時です。押しがすごすぎてライブ中ずっと浮いてました。生きて帰ることだけを考えていました。

27 画期的だと思うV系バンドと、その理由は？

SHAZNAです。良くも悪くも暗くて退廃的なバンドが主流だった90年代後半のV系界にかわいい路線を開拓し、それまでアイドルなどを推していた層を大量にバンギャル化させた大偉業を成し遂げたバンドです。

28 新しいV系バンドの情報入手先は？

YouTubeで「visual kei」と検索します。

29 新しいV系バンドに関して、まず最初にチェックするのは？

曲と風貌を一度に確認できるのでPVです。

30 V系バンドマンが多い県といえば？

長野・岐阜は地方なのに多い気がしてずっとうらやましいと思っています。

31 バンギャルメークに欠かせないものは？

黒リキッドアイライナーです。

32 バンギャルメークにオススメのブランドは？

KATEです。

33 バンギャルファッションのブランドといえば？

BA-TSUです。昔は奈良にも店舗がありました。

34 バンギャルの聖地ってある？

閉店してしまいましたが、高田馬場AREAの2段目の柵。宇宙一ステージが見やすい場所だからです（P155参照）。

35 遠征時に利用する、好きなネットカフェは？

マンボーです。

36 またライブに行けるようになったら、まずどのバンドのライブに行きたい？

摩天楼オペラです。お客さんも一緒に合唱する曲があるのでそれに混ざりたいです。

37 復活してほしいV系バンドは？

FIXERです。

38 バンドをやるとしたらやりたいパートは？

昔はギターをやりたかったですが今はドラムです。

39 バンギャル目線で見てかっこいいと思うアニメのキャラは？

『幽★遊★白書』の鴉です。

40 テンションがぶちあがる曲は？

イントロ一音目でぶちあがるのは黒百合と影の『浴槽』です。

41 作中に出てくる架空のバンド名はどうやって考えた？

出版社名や掲載誌タイトル、自分の名前などをもじってパッと見で架空とわかりやすい感じを目指してはいました。

42 バンギャル活動が一番激しかったのはいつ？ どのくらいライブに通っていた？

2017年頃。当時は都内在住でした。週1〜2本です。

43 どうやってライブを楽しむタイプ？

モッシュ・ヘドバンなんでもやるタイプでした。コロナ感染予防対策で規制されていた時期と合わせて3年以上まともに動いていないので、今やれるかどうかは怪しいです。

44 トラウマ級のグロ系PVは？

NEGAのPVです。私の体質を知っている人たちから「絶対見ないほうがいい」と言われているのでちゃんと見たことはないです。

45 今までで見た「髪柱」で一番すごかったものは？

2014年頃に高田馬場AREAでDEZERTを見た時です。最前から最後列まで柱しかいませんでした。

46 「このV系バンドのチラシはすごい！」と思ったものは？

Ecthelionの総手描きチラシです。

47 今でも大切に保管しているV系バンドのチラシは？

2001年頃の人格ラヂオのチラシです。

48 V系バンドのCDの特典グッズで、コンドームの次にビックリしたものは？

AvelCainのお線香です。

49 紙チケット派？ 電子チケット派？

紙派ですが、譲渡がしやすくなれば電子でいいです。がんばって慣れます。

50 V系バンドが出たバラエティー番組でおもしろかったものは？

テレビ朝日『パパパパパフィー』内の企画「ドキッ！ビジュアル系だらけの大運動会」です。

51 V系っぽい髪形にしたことある？

30歳頃……金×黒ツートーン、31～34歳頃……上下グラデーションで毛先がどぎついピンクでした。20代までは地味な頭でした。

52 SUGIZOさんの太もものように、バンギャルが一斉に沸く出来事って？

バンドが初・武道館ライブ決定の告知をした瞬間。

53 これから漫画にしたいエピソードってある？

大変しつこいですが、ビジュアルジャパンサミット3日間の思い出はもっと細かく描き残しておきたいです。

54 V系に関して「これは泣いた」ということは？

ビジュアルジャパンサミットでドームクラスの大御所と超若手インディーズが同じ会場（幕張メッセ）でライブをしたことです（P58参照）。これほどの動員差があるバンドが同じフェスに出ることはおろか、出たとしても基本的に会場は別になります。どのバンドも同じ会場だったことにYOSHIKIさんの愛を感じました。

55 若かりし頃のライブネームは？

実は16歳くらいからライブネームがめんまです。

56 バンドマンに差し入れをしたことある？

あります。余談ですが15年前に差し入れたものがメルカリに出品されていたので即購入し、15年の時を経て手元に戻したことがあります。

57 今までライブで制覇した県は？

北海道・宮城・埼玉・東京・千葉・神奈川・愛知・大阪・京都・奈良・岡山・鹿児島。

58 バンギャルとしてやり残していることは？

コピーバンドでいいので学校の文化祭ステージに出たかったです。

59 「それ、バンギャル病だろ」と思った瞬間は？

スポーツ選手等、化粧をしていない男性集団の顔の見わけがつかない時です。

60 リモートのV系イベントは参加した？

配信ライブ・リモートサイン会は参加しました。

61 ライブ参戦時の必需品は？

自分の場合はコンタクトレンズです。

62 ライブ参戦時のお決まりの格好ってある？

バンドTシャツ・リュック・ジーンズ・スニーカーです。地味です。

63 今までで一番争奪戦だったなと思うチケットは？

実はあまり争奪戦に参加したことがないですが、2015年の「Vijuttoke!! Festtoke!!」のチケットを取るのに苦労しました。

64 バンギャルは何に一番お金がかかる？

断トツで移動費だと思います。

65 ライブ会場以外でV系バンドのライブを見るとしたらどこがいい？

高温サウナ。

66 長くバンギャルでいる秘訣は？

心・体・金銭すべてにおいて無理をしない。「推しは推せる時に推せ」等のおもしろおっかけ標語を真に受けない。

67 バンギャルとして、いつかやってみたいことは？

バンギャルだらけの生前葬。

68 いま、一番注目しているバンドは？

Ashmaze.・Cazqui's Brutal Orchestra・—真天地開闢集団—ジグザグ。

69 10年後もバンギャルを続けていると思う？

生きていれば確実にやっています。

プライベートについて

70 小5でバンギャルになる前は何にハマっていた？

ラジオを聴くことと恐竜の図鑑を見ること。

71 離婚後に独りで住んでいた東京の家を軽く紹介してください。

築62年の超ボロアパートで天井に穴があり、隣の部屋の人が見ているYouTubeが特定できるくらい壁が薄かったです。

72 **よく見るV系以外のYouTubeチャンネルは？**
山田五郎 オトナの教養講座・美容系YouTube全般。

73 **V系以外に推しているものは？**
ゆるくですがプロレスは12年くらい見ています。あと2023年から奈良のサッカーチームがJリーグに昇格したのをきっかけに見るようになりました。

74 **好きなキャラクターは？**
せんとくんとハンギョドンです。

75 **好きな漫画は？**
『ちびまる子ちゃん』、『お父さんは心配症』『こいつら100％伝説』『ルナティック雑技団』、『幽★遊★白書』

76 **V系以外で聴く音楽は？**
昭和歌謡曲と90年代邦楽です。

77 **その後、お母さんの容体は？**
連載期間中はまだケガが治っていませんでしたがその後歩けるようになり、要支援の認定も出たので、この本の発売時はワンオペではないです。

78 **よく見るテレビ番組は？**
テレビじゃないですが恋愛リアリティーショー系の配信番組はよく見ます。

79 **よく聴くラジオ番組は？**
MBSラジオ『ありがとう浜村淳です』、FMひめ『雄大の寿司』。

80 **お仕事中のBGMは？**
V系を流すと仕事にまったく身が入らないので実はあまり聴きません。

81 **これまで住んだことがある県は？**
奈良・大阪・東京・神奈川。

82 **「この能力がほしい！」と思うことは？**
瞬間移動。

83 **その後、「わっしょいうんち焼き」は使ってる？**
使っています。母ともうんちパーティーしました。

84 **「わっしょいうんち焼き」を購入したきっかけは？**
2021年の夏にX（旧Twitter）で見かけて即買いしました。有意義な買い物でした。

85 **一生をともにするシャンプーには出会えた？**
出会えていません。常に4股くらいしています。

86 **いつかやってみたいハロウィーンコスプレは？**
鹿。

87 **カラオケでよく歌う曲は？**
森田童子『さよならぼくのともだち』。

88 **奈良県の魅力をひと言でいうと？**
カーストの頂点に鹿が君臨していることです。

89 **奈良県のオススメスポットは？**
大仏殿・春日大社周辺がいいと思います。鹿と大仏が見られます。定番にして最強です。

90 **奈良県のオススメグルメは？**
天理スタミナラーメンです。

91 **漫画のネタはどこで思いつく？**
バンギャルの友人とファミレスにいる時です。ステイホーム時は苦労しました。

92 **何フェチ？**
直毛長髪長身。

93 **バンドマンが出てくる漫画って読む？**
読みます！ 最近だとをのひなお先生の『明日、私は誰かのカノジョ』を読んでいます。

94 **バンギャル以外で描いてみたい漫画は？**
奈良ネタです。

95 **仕事部屋ってどんな感じ？**
実家に戻ってからは小学生の時に使っていた勉強机でやっています。

96 **1日のだいたいのスケジュールは？**
日によってかなり違いますが、私も母も夜型なので寝るのが夜中の1時以降で朝9時くらいに起きています。

97 **その後の体調は？**
胃痛は完治、右耳の難聴は残ってますが慣れました。不眠と疲れやすさは残っていますが元気です。

98 **将来の夢は？**
自作漫画のドラマ化です。

99 **職歴をいれる範囲でどうぞ！**
カレー屋店員・不動産広告営業・ネット広告編集・おもちゃメーカー通販倉庫・ラーメン屋・法人営業アポ電・スーパー銭湯スタッフ。

100 **読者さんにひと言！**
ここまで読んでくださり本当にありがとうございました。オススメのバンドを教えてください。

2021年
大みそか
ゴ〜ン
特別編
ありがとうスーパーライブシアター
高田馬場AREA
ライブハウス
高田馬場《たかだのばば》エリアが
閉店するので

その瞬間に
立ち会ってきました

LIVE THIATRE 1997
AREA
パール座
くつ，かばんのお直

※マスクは省略していますが、V系界隈はコロナ流行前からマスクマンが多い民族なので、たまにマスクをしている人がいます
さっき紅白に
出てた人の
ポスターが…！
V系バンドの
登竜門であり
※かつてMIYAVIが
所属していた
バンドのポスター
ロビーはバンギャルの
情報交換の場とされ
終演後 ドリンク交換 行っておりません
HON-WARA
ポスターをつまみに井戸端会議
「エリアがあるから」
という理由で自然と
エリア横の
マンション
買うの夢だった
のに…
買ってたら
ヒサンだったね
高田馬場は
「V系の聖地」と
呼ばれるようになり
徒歩で
聖地へ…
バンギャルに
とっても
バンドにとっても
次からどこを
聖地とすりゃ
いいんだ〜？
馬場以外想像も
つかんな…
すごく特別な
ライブハウスでした

※登場するバンド名は架空のものです

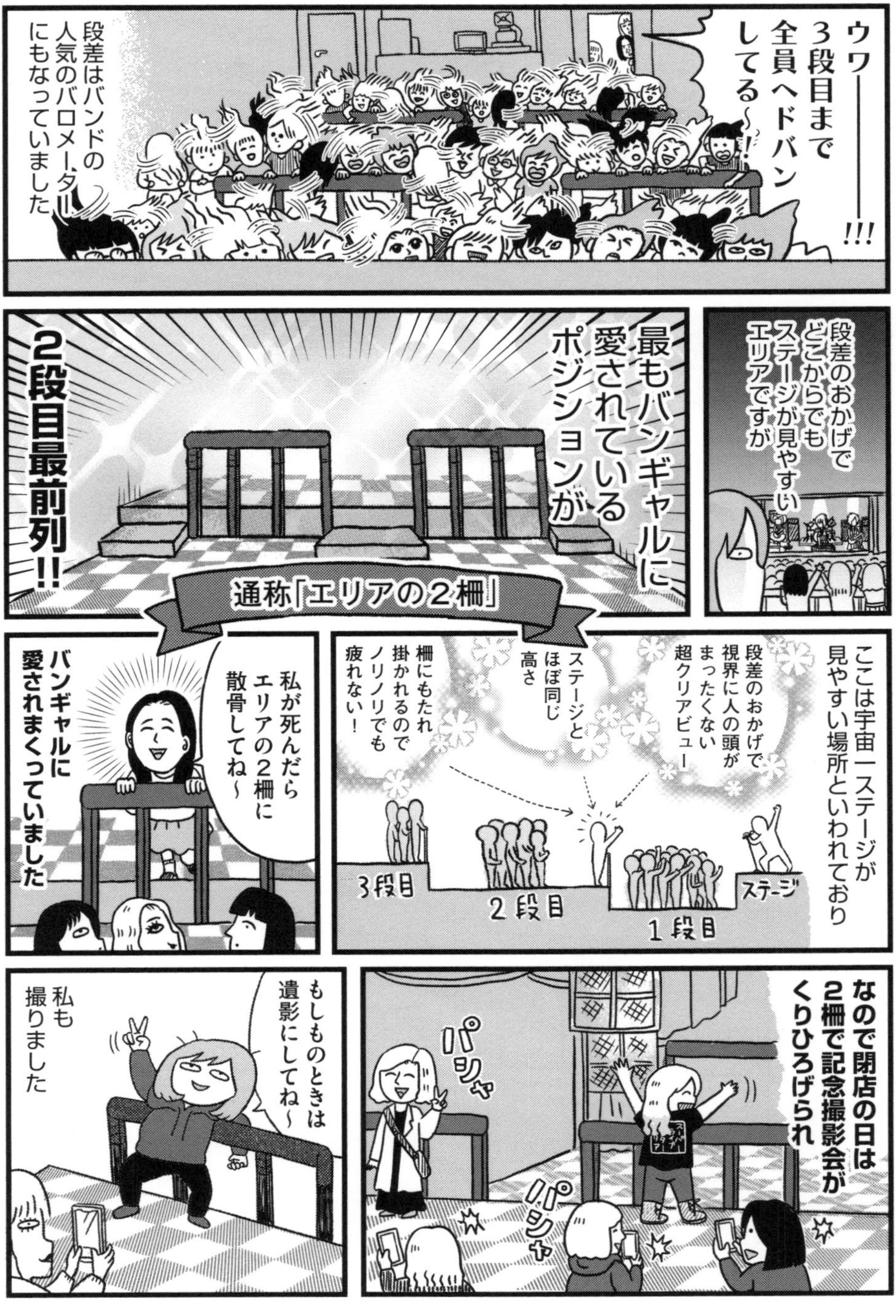
ウワーーー!!!
3段目まで全員ヘドバンしてる〜!
段差はバンドの人気のバロメーターにもなっていました
段差のおかげでどこからでもステージが見やすいエリアですが
最もバンギャルに愛されているポジションが
2段目最前列!!
通称「エリアの2柵」
ここは宇宙一ステージが見やすい場所といわれており
段差のおかげで視界に人の頭がまったくない超クリアビュー
ステージとほぼ同じ高さ
柵にもたれ掛かれるのでノリノリでも疲れない!
ステージ
1段目
2段目
3段目
私が死んだらエリアの2柵に散骨してね〜
バンギャルに愛されまくっていました
なので閉店の日は2柵で記念撮影会がくりひろげられ
パシャ
パシャ
もしものときは遺影にしてね〜
私も撮りました

そんな感じでV系の聖地といわれるエリア
ほぼ新卒時
初めていったのは15年前のことでした
エリアってどんな場所にあるんだろ?
ちょっと悪そうな雰囲気のとこかな
V系の聖地だもんな
ホテル街とか
HOTEL
それとも東京だしおしゃれなビルかな
109
東京のオシャレビルのイメージ
期待して現地を訪れると
え…
マジか…?
V系の聖地は
まさかの西友《せいゆう》の地下!!
SEIYU
AREA
くつ、かばんのお直し
くつ修理
かばん修理
合いカギ
時計でんち
あさ10:00
よる23:00
エリアはこの下
以来 エリアで猟奇的なパフォーマンスを見ても
この人お昼に西友の助六《すけろく》食ったかもしれない…
おいなりさん…
V系伝統芸ボーカルの喀血
今この真上でお総菜に割引シールが貼られている…
表示価格より2割引
タイムサービス
表示価格より半額
雑念が混ざるようになりました

そしてそんな生活に密着しまくった超健全な立地のせいでしょうか
SEIYU
終演後は速やかに駅に移動してください！
エリアスタッフの近隣への気遣いはすさまじく
駅にいってください！
出待ちを強行するバンギャルはもちろん
道にたまらないでください！
ウチら信号待ちしてるだけです！
出待ちっぽく見えるだけのバンギャルも一掃されていました
こうでもしないと苦情が殺到してしまうのかもしれません
AREAでは近隣に多大な迷惑がかかります。
駅まですみやかにご移動下さい
高田馬場ARE
エリアの終演後はダッシュでその場を離れるのがバンギャルの定番でした
ひぇ～
チラシ
もはやエリア名物
なので閉店の日も
さぁ始発出てるし帰るかぁ～
最後の駅までダッシュだ～
今日で蹴散《けち》らされおさめか…
ザワ
ザワ
ザワ
!?

う…うそ…
蹴散らされてない…!?
エ…エリアの前に人だかりができるなんて…!
そっか…今日で最後だから…
…もう近所から苦情も…こないもんね…
な…
なんだよォ…!
どうしちまったんだよォ…!
駅いけっていえよォ…!
そんな優しい目(?)で
俺たちを見るんじゃねぇよ…!!
AREA
いつもみたいに…!!
コラコラ〜
叱《しか》って蹴散らしてくれよォ〜!!
閉店しないでよぉ〜!!!
AREA
24年間大変お世話になりました(涙)

あとがき

最後まで読んでくださりありがとうございました!!

久しぶりにバンギャルを題材にした連載の機会をいただいたというのに、ほとんどのお話がライブに行けないことを嘆く話か、過去の思い出話になりました。

奈良の実家に戻ってからも、なんとか細々とでも現場に行って、コロナ禍でもへこたれない最新のV系の現場を描きたい! 空前絶後の『推し活ブーム』にも乗っかりたい! と模索しましたが、相続手続きで武道館ライブに行けなかった件や、母のケガあたりから無理するのをやめようと思いました。親族関連のことでやりたいことが制限される様も『中年バンギャル』の一例としては自然な姿だからです。

ライブ会場で爆音で楽しむのも良いですが、自宅で悶々とイヤホンで聴くV系も素晴らしいものです。こんな状況になってみて、あらためてV系の楽曲には、しんどい気持ちに寄り添ってくれる曲、私以上に哀しみ嘆いてくれる曲、私の代わりにキレ散らかし絶叫してくれる曲がたくさんあることを再発見することができました。思春期からずいぶんとお世話になりましたが、中年の憂き節にも対応してくれるとは、本当にふところの深いジャンルです。連載中はほとんどモニター越しでしかV系に触れられずにいましたが、よりV系が好きになった期間でもありました。

最後にこの連載や単行本のために動いてくださったぶんか社さん、デザイナーの山田さん、ぶんか社さんを紹介してくれた竹内佐千子先生、リモートでもたくさん遊んでくれたバンギャル友達、そして何より毎月の連載を楽しみにしてくださった方、この本を買って読んでくださった方、本当にありがとうございました!! これからも楽しくバンギャルを描いていきたいです!!

2023年9月　蟹めんま

初出一覧

『本当にあった笑える話』
2022年1~5、7~12月号
2023年1~8月号

※本書は上記作品に描き下ろしを加え、構成したものです。

今日もライブに行けません!
~アラフォーバンギャル、魂のV系語り~

2023年9月20日初版第一刷発行

著者　蟹《かに》めんま
発行人　今 晴美
発行所　株式会社ぶんか社
〒102-8405　東京都千代田区一番町29-6
TEL 03-3222-5125(編集部)
TEL 03-3222-5115(出版営業部)
www.bunkasha.co.jp
装丁　山田知子+chichols
印刷所　大日本印刷株式会社

ISBN978-4-8211-4666-6